989

LES

EXPOSANTS

A BORDEAUX

EN 1865

BORDEAUX

IMPRIMERIE COMMERCIALE AUG. BORD

24, rue des Treilles, 24

LES

EXPOSANTS A BORDEAUX

EN 1865

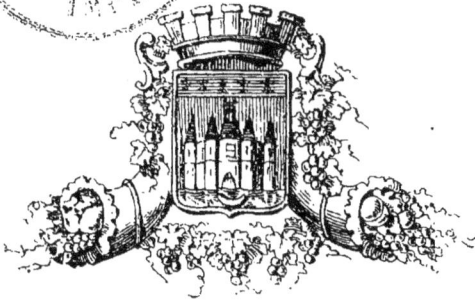

BORDEAUX

IMPRIMERIE COMMERCIALE AUG. BORD

21, rue des Treilles, 24

1865

V

C.

L'Exposition de Bordeaux, dont l'ouverture officielle devait être faite le 1er juillet, n'a été livrée au public que le 15 du même mois, encore, depuis cette époque, n'a-t-on cesser d'installer et de remanier, de sorte que c'est au moment où notre livre paraît qu'elle est à peu près terminée.

Ces quelques mots pour expliquer le retard apporté à notre publication, nous devons ajouter que les travaux n'étant pas encore terminés dans les bureaux de la Société Philomathique, nous avons été obligé de nous en rapporter au livret officiel, c'est-à-dire à indiquer comme exposants trois ou quatre cents personnes qui ont fait défaut, et à ne pas mentionner les noms de cent ou deux cents industriels arrivés les derniers, et ne figurant encore sur aucune addition.

Nous nous proposons de faire une seconde édition dans la quinzaine qui suivra notre apparition, nous prions donc instamment ceux de messieurs les exposants qui désireraient donner quelques explications sur leurs produits, de les adresser le plus promptement possible, à M. Bord, imprimeur, rue des Treilles, Bordeaux.

LES EXPOSANTS A BORDEAUX EN 1865

1083. — ABAUT (J.), à Bordeaux.
Balais.

94. — ABDON D'ARMANA, à Dax.
Vins.

1057. — ADER (P.), à Biganos (Gironde).
Moules et Presses.

1038. — ADMANT (C.), à Bordeaux.
Dorure et Décoration sur verre.

637. — ADOLPHE père et fils, à Bordeaux.
Armoiries.

1333. — AIMÉ-FORESTIER (J.-D.), à Niort.
Huiles

581. — ALADANE (J.) et fils, à Bordeaux.
Cafés torréfiés.

1967. — ALAMIJEON jeune, à Villement près Angoulême.
Papiers.

435. — ALAUZET (P.), à Paris.
Machines diverses.

600. — ALBERT (J.), à Bordeaux.
Objets d'églises.

155. — ALESSANDRINI (R.), mouleur en plâtre,
. rue de Bègles, 212, à Bordeaux.

Reproduction de fruits, imités d'après nature, en
plastique ou carton-résine, selon les congrès pommo-
logiques de Bordeaux èt de Lyon.

RÉCOMPENSES OBTENUES :

Lyon, 185?	Médaille d'argent.
Marseille, 1853.	Id.
Lyon, 1853-1854.	Id.
Dijon, 1855.	Id.
Strasbourg, 1857.	Id.
Lyon, 1860.	Id.
Bordeaux et Bergerac, 1863.	Id.
Lyon, 1855.	Médaille de vermeil.
Autun, 1856	Médaille d'or.
Bordeaux, 1864.	Médaille de bronze.

325. — ALEXANDRE père et fils, à Paris.
Orgues.

1458.— ALIS frères, à Saint-Jean-d'Illac (Gironde).
Poterie diverse.

768. — ALLAIN (J.) jeune, à Bordeaux.
Dessins en cheveux.

1404. — ALLARD (L.), à Paris.
Articles en bronze.

971 et 972. — Alliès (A.), à Bordeaux.
Conserves.

119. — Allmayer (A.), à Paris.
Albums, etc.

376. — Alvergniat (A.-A.), à Paris.
Instruments de précision.

1890. — Amalric et Comp., à Pondichéry.
Produits coloniaux.

1246. — Ambayrac (H.), à Bordeaux.
Cueilloir à fruits.

207. — Amenc (Léon), à Clermont-Ferrand.
Huiles, godets et burettes.

1139. — Amiet et Montagnon, à Lyon.
Soieries.

1380. — Amieux et Carraud, à Nantes.
Conserves.

1151. — André (J.), à Bordeaux.
Stores.

1934. — André (V.) et Fontaine, à Paris, 98, rue
Montorgueil.

Les tiges piquées, V. André et Fontaine, n'ont pas
de rivales à l'Exposition. Elles possèdent trois qualités indiscutables :

1º Veaux de leur fabrique, 15, rue Geoffroy-Saint-
Hilaire, Paris;

2° Coupes et apprêts de leur fabrique, 105, rue Neuve-Chaussée, Boulogne-sur-Mer ;

3° Piqûre indécousable, à la véritable machine américaine Elias Howe, dont ils possèdent l'agence exclusive pour toute la France, 48, boulevard Sébastopol, Paris.

262. — ANDRÉ et GOETZ frères, à Strasbourg.
Meubles de jardins.

289. — ANDRÉ-PONTIER (L.-C.), à Paris.
Appareils à distillation.

1717. — ANDREUCCETI, à Bordeaux.
Imitation de marbres.

909. — ANGAUD (F.), à Bordeaux.
Tonnellerie.

1531. — ANGENSCHEIDT-EVERHARD, à Paris.
Piano.

1248. — ANTHONI (G.), à Paris.
Appareils photographiques.

1008. — ANTHONI (J.-P.), à Paris.
Essieux.

1994.— ANTOINE (Mademoiselle), à Saint-Médard-de-Guizières.
Broderies.

91. — ANTOINE (N.) père et fils, à Paris.
Encres, cirages.

1957. — ANTONIO LUIZ DA SYLVA, à Porto.
Vins.

561. — APPEL (F.-A.), à Paris.
Travaux lithographiques.

1656. — ARBERTELLA (J.), à Bordeaux.
Statues religieuses.

567. — ARDANT (L.) et Comp., à Limoges.
Porcelaines.

1744. — ARDURA (F.), à Blaye.
Vinaigre.

1506. — ARGUINANO (J.), à Estella (Navarre).
Eaux-de-vie.

1203. — ARMENGAUD (E.), à Paris.
Carton-cuir.

1875. — ARNAUD ARSON et Comp., à Bordeaux.
Photographies.

1126. — ARNAUD (E.), à Marseille.
Tuiles et briques.

1734. — ARNAUD (P.-J.), à Bordeaux.
Serrurerie.

1702. — ARNOUX (A.), à Rochefort.
Bouquets en cuivre doré.

123. — ASSE, à Paris.
Pouffs, chaise longue.

869. — Astier (J.-B.), à Nantes.
Une cloche.

104. — Aubert père et fils, à Paris.
Machine à vapeur et presses.

686. — Aubry (J.), à Bellevue (Meurthe).
Vases d'ornement.

328. — Aucher (L. et J.) frères, à Paris.
Pianos.

77. — Audineau fils frères, à Bordeaux.
Voitures.

1071. — Audinot (A.-E.), à Paris.
Vitraux d'église.

669. — Audouin (J.), à Bordeaux.
Appareils distillatoires.

675. — Audubert (A.), rue du Mirail, 24, à
Bordeaux.

Nous ne saurions trop recommander à l'attention des hommes de l'art, le magnifique escalier mobile, exposé par M. Audubert, entrepreneur de bâtisses, 24, rue du Mirail, et 44, rue Saint-François.

798. — Auffroid (E.), à Besançon.
Liqueurs.

651. — Auger (E.-A.), à Dax.
Conserves.

1411. — Auger (P.-A.), à Bordeaux.
Pierres et matériaux inaccessibles à l'humidité.

129. — Avril et Comp., a Paris.
Cartes à jouer.

1090. — Bachan et Comp., à Laubardemont (Gironde).
Farines.

1745 .— Bacquey (G.), père et fils, à Soussans (Gironde).
Mécanique pour scier les fonds de barriques.

125. — Bacus (J.-T.), à Épinay (Marne).

Cette maison a envoyé, à notre Exposition, un billard avec marqueterie en cuivre (genre Boule) et une table-glace qui mérite sérieusement l'attention de tous ceux qui recherchent, dans ce meuble, la justesse jointe à l'élégance. M. Bacus, b. s. g. d. g., fait, dans toutes les formes et dans toutes les dimensions, des billards riches et ordinaires.

1914. — Bader (C.), à Paris.
Couleurs.

35. — Badimon (Ch.), à Marmande.
Fouloirs.

1711. — Baignol frères, à la Pallurie (Charente).
Fourneau.

835. — Baillou (J.), à Bordeaux.
Navires.

1375. — Baills (P.), à Mascara (Algérie).
Vins.

1119. — BAJARD (B.-J.) fils, à Rives-de-Gier (Loire).
Pelles et bêches, etc.

708. — BALARAC (G.), à Bordeaux.
Impressions typographiques.

127. — BALBREK (M.), à Paris.
Instruments de marine, de géodosie et d'optique.

1762. — BALGUERIE, au château de Palot.
Feuillard à barriques.

199. — Balguerie (R.), à Bergerac.
Vins.

1143. — BANCEL (A.), à Paris.
Gélatine.

503. — BANIZETTE et GUIMBERTEAU, à Libourne.
Fenêtre.

1303. — BAPTISTE père et fils, à Bordeaux.
Jalousies.

988. — BAQUÉ aîné, à Borderès (Hautes-Pyré-nées).
Mouchoirs fil.

502. — BAQUÉ (J.), à Bordeaux.
Corsets.

1131. — BARADAT (J.), à Bordeaux.
Fusils.

755. — BARADEAU (L.), à Tonneins.
Trieur à blé.

939. — BARAZER, à Bordeaux.
Ardoises.

1716. — BARBARY (J.), à Luzech (Lot).
Serrurerie.

1688. — BARBE, à Bayonne.
Machines.

1998. — BARBIER, GUISSANI et Comp., à Paris.
Stores.

1725. — BARBOT (A.), à Bordeaux.
Machine à vapeur.

354. — BARBOU et fils, à Paris.
Porte-bouteilles en fer.

386. — BARDIÉ (T.), à Bordeaux.
Ameublement.

1196. — BARDIN et LÉVY, à Paris.
Machines.

422. — BARDONNEAU (E.), à Vergt (Dordogne).
Cuirs.

490. — BARDOU. (P.-J.), à Perpignan.

Un mot sur les produits de cette maison qui ont
une réputation universelle et justement méritée. En
1838, M. Jean Bardou, fabriquait déjà du papier à cigarettes. Le public l'adopta immédiatement, et lui
donna le nom de .Job, parce que les initiales J.
B., de Jean Bardou, étaient séparée par un losange
J.◇B.

Pour réserver ses droits, Jean Bardou déposa ses marques en 1849, le premier septembre, au Tribunal de commerce à Perpignan; il prit un brevet d'invention la même année. Plus de trente jugements ou arrêts en faveur de M. Pierre Bardou, son fils et son seul successeur, sont venus punir les contrefacteurs ou usurpateurs.

Récompenses obtenues :

Admis à l'Exposition universelle, 1855. — Montpellier, bronze. — Metz, mention honorable. — Perpignan 1862, médaille de vermeil. — Nimes 1863, rappel. — Draguignan 1864, bronze. — Nice 1865, bronze.

752. — Barès (B.-E.), à Toulon.
Voitures.

404. — BARETS (J.), à Bordeaux.
Reliures.

1033. — BAREYT (A.), à Tartas (Landes).
Liqueurs.

83. — BARITEAU (P.-A.), à Pomerol (Gironde).
Lits-siéges.

437. — BARLERIN, à Tarare (Rhône).

Café hygiénique de santé, brevété (s. g. d. g.). Ce produit s'emploi avec succès pour les maladies d'estomac, et chez les personnes nerveuses qui ne peuvent faire usage du café des îles. M. Massicault, pharmacien dépositaire, place Dauphine, 21, Bordeaux,

Farine mexicaine du docteur Benito del Rio de Mexico.

M. M. R.M. Barlerin et Comp., dépositaires généraux en France, à Tarare (Rhône).

Ce produit est le spécifique certain pour la guérison des maladies de poitrine, renseignements à Bordeaux, chez M. Massicault, pharmacien, place Dauphine, 21

1525. — BARNEST (F.), à Paris.
Éclairage en fleurs.

1789. — BARON (J.), à Bordeaux.
Sonnerie électrique.

1658. — BAROT (P.-D.), à Gençay (Vienne).
Jambe de bois.

1587. — BARRAUD (J.-J.-A), à Saint-Pierre (Martinique).
Tabacs.

1159. — BARRAUD (E.), à Bordeaux.
Pompe, etc.

378. — BARRE (A.), à Paris.
Porte-fûts en fonte.

1576. — BARRIER et LAPAIRE, à Bordeaux.
Un appareil Wetzel.

1115. — BARRIÈRE et fils aîné, à Bordeaux.
Engrais.

240. — BARRIÈRE (B.-M.), à Bordeaux.
Boîte de santé.

1389. — BARRIÈRE (F.), à Bordeaux.
Encadrements.

1463. — BARTHE (J.), à Bègles.
Vins, eau-de-vie.

1664. — BASCOU (P.), à Bordeaux.
Barils.

1588. — BASSELAGE, à Sainte-Marie (Martinique).
Tabacs.

731. — BASSIÉ et fils, à Bordeaux.
Robinetterie.

500. — BATAILLE (J.), à Castelnaudary.
Poteries.

18. — BAUCHE (A.), à Gueux (Marne).
Coffrets incombustibles.

1642. — BAUDESSON et HOUZEAU (P.), à Reims.
Photographies.

178. — BAUDET (F.), à Paris.
Orgues harmoniums.

547. — BAUDOUIN (A.), à Paris.
Toiles cirées.

413. — BAUQUIN frères et MAUFRA, à Nantes.
Machines agricoles.

184. — BAYLE (P.), à Bordeaux.
Ferblanterie.

1590. — BEAUBRUN (M.), au Vauclin (Martinique).
Pâtes de cacao.

1586. — BEAUDUC (J.-J.), à Libourne.
Soufflet.

627. — BEAUQUIN frères et MAUTRA, à Nantes.
Machines agricoles.

958. — BEAUVAIS, à Bassens (Gironde).
Crème de tartre.

380. — BÉCANE (A.), à Bordeaux.
Étiquettes.

1239. — BEDAT (J.), au Mas-d'Agenais.
Fauteuils.

1358. — BÉDIN (P.), à Niort.
Machine agricole;

7. — BEL et GUIRAIL, à Carcassonne.
Poterie, drainage.

1907. — BEL et JOEL-COULON, à Castres (Tarn).
Essences.

1617. — BÉLANGER, à Saint-Pierre (Martinique).
Produits coloniaux.

46. — BELLADINA (J.), à Marseille.
Articles pour fumeurs.

133. — BELLAVOINE (E.), à Paris.
Fonds pour la photographie.

209. — BELLENGER (Veuve), à Bordeaux.
Châles.

1861. — Bellié (R.), à Bordeaux.
Couverts d'argent.

819. — Bellié (A.-B.), à Bordeaux.
Fusils.

1709. — Bellié (J.-E.), à Bordeaux.
Construction navale.

272. — Bellier (C.), à Marseille.
Soufre.

622. — Bellot (P.-D.), à Luxé (Charente).
Eau-de-vie.

255. — Bellotto (B.), à Beaumont-de-Lomagne
(Tarn-et-Garonne).
Faïences grises.

1779. — Belmont, à Saint-Augustin, Pointe-à-Pitre (Guadeloupe).
Bailles en bois du pays.

876. — Belouin (C.), à Angers.
Cuirs.

334. — Belvalette frères, à Paris.
Voiture.

1660. — Benet (J.), à Bordeaux.
Compteur, classificateur monétaire. — À l'aide de
cet ingénieux instrument, la monnaie se divise d'elle-
même par espèces, et la pression de tel ou tel bouton
fait sortir à l'instant la pièce désirée. Un nouveau

perfectionnement permettra de constater, à l'aide du poids, le contenu d'une caisse quelconque.

200. — BENITEAU (B.), à la Vergne (Lot-et-Garonne).
Appareil pour dételer instantanément un cheval.

1405. — BENOIT (C.), à Paris.
Horlogerie.

1396. — BENOIT (J.), à Paris.
Brouettes.

1519. — BÉRARD (E.-A.), à Paris.
Encadrements.

1823. — BERDOT (J.), à Bordeaux.
Tour en bois.

816. — BERGEON et Comp., à Bordeaux.
Voitures.

292. — BERGEREAU (P.), à Bordeaux.
Produits pharmaceutiques.

98. — BERGERET (E.), à Bordeaux.
Pianos.

968. — BERGERON (J.-B.), à Dax.
Lits mécaniques.

896. — BERMOND (A.), à Nice.
Essences, etc.

1551. — BERNARD (R.), à Bordeaux.
Un bloc de pierre.

895. — BERNAREGGI et Comp., à Barcelone (Espagne).
Pianos.

1316. — BERNIER frères, à la Ferté-Macé (Orne).
Étoffes et tissus, coutils.

1630. — BERTAUD (P.), à Bordeaux.
Vins.

1513. — BERTAUD (P.), à Bordeaux.
Liqueurs.

1928. — BERTAUX frères, à Paris.
Siccatif.

330. — BERTHAUD (G.), à Angers.
Photographie.

1219. — BERTHOMIEUX (E.), à Bordeaux.
Produits céramiques.

694. — BERTIN (Veuve) (A.), BERTIN frères, à
Bordeaux.
Tapisserie-décoration.

1840. — BERTRAND frères, à Bordeaux.
Navires.

740. — BESNARD (V.), à Bordeaux.
Moulins à café.

1485. — BESNARD et GENERT, à Angers.
Câbles, cordes, etc.

1886. — BESNIER, au Mans.
Chocolats.

340. — Besset (J.), à Alby.
Conserves.

1420. — Besson frères, à Bordeaux.
Chapeaux de soie et de feutre.

149. — Bettembost, à Paris.
Passe-partouts et encadrements.

432. — Bettmann (M.), à Bordeaux.
Dentiers.

1189. — Beunier (P.), à Bordeaux.
Saucissons.

1546. — Beurton (E.), à Bordeaux.
Gravures sur métaux.

951. — Béziat (J.), et Soubeyrol, à Bordeaux.
Voitures.

959. — Béziat (J.-C.-M.), à Paris.
Crics.

1923. — Bidauld père et fils, à Cenay (Ain).
Bleu d'outre-mer.

1931. — Bideau (Madame), à Bordeaux.
Corsages, parures, etc.

494. — Bienvaux-Him, à Paris.
Toiles, seaux, etc.

270. — Biers (E.-F.), à Villeneuve-sur-Lot.
Carreaux.

1285. — BIGNONEAU (E.), à la Seigneurie (Deux-
Sèvres).
Soies et bois de brosses, etc.

1075. — BILHAUD et Comp., à Bordeaux.
Laines, etc.

27. — BILLAN, à Bordeaux.
Modèle de frein.

1982. — BILLAUDIE (A.), à Sermaize-sur-Saulx
(Marne).
Ressorts.

1032. — BILLIOQUE et Comp., à Bordeaux.
Moutarde, fruits au vinaigre.

498. — BILLOT (F.-O.), à Cormeilles (Oise).
Souricières, etc.

623. — BIRABEN (P.), à Bayonne.
Chocolats.

391. — BIZARD et LABARRE, à Marseille.
Réservoir garantissant de l'incendie les huiles in-
flammables.

307. — BIZET-PACHERLY, à Bordeaux.
Parquets.

1429. — BIZEUL (E.), à Pantin.
Dallages.

1170. — BLANC (A.), à Saint-Astier (Dordogne).
Chaux hydraulique.

615. — BLANCHARD et Comp., à Puteaux (Seine).
Produits chimiques.

776. — BLANCHARD (J.) fils, à Marennes (Charente-Inférieure.)
Cafés torréfiés.

1754. — BLANCHARD (P.), à Rochefort.
Liqueurs.

1372.—BLANCHOU (E.), à Saint-Hippolyte-de-Mascara (Algérie).
Vins.

893. — BLANZY et Comp., à Boulogne-sur-Mer.
Plumes d'acier.

1002. — BLAZY et LUCHOIRE, à Paris.
Appareils d'éclairages.

1212. — BLÉTERY (J.), à Bordeaux.
Noir animal.

263. — BLOC (T.), à Bordeaux.
Confection.

61. — BLOT (E.), à Boulogne-sur-Mer.
Statuettes en terre cuite.

1341. — BOBIN (J.), à Creysse (Dordogne).
Vins.

1318. — BOBOT-DESCOUTURES, à la Ferté-Macé
(Orne).
Tissus, cotons et fil.

1540. — BOCCARDO (J.), à Nice.
Saucissons, mortadelles.

212. — Bocquet (A.), à Paris.
Appareils d'économie domestique.

1859. — Bocquet (J.), à Bordeaux.
Pièces de précision.

1162. — Bodeau (N.), à Bordèaux.
Colliers, harnais.

6. — Boilvin (E.), à Peyrehorade (Landes).
Disque, signal fixe.

1104. — Boireau et fils, à Castillon-sur-Dordogne.
Machines agricoles.

825. — Boisse (E.), à Bordeaux.
Fabrique de cartes à jouer, fondée en 1792. Cartes françaises, anglaises, belges, espagnoles, dont la qualité supérieure a acquis une réputation européenne.
Médaille obtenue en 1854, à l'Exposition de Bordeaux.

1473. — Boissière (A.), à Tavaille (Orne).
Verrerie.

634. — Boivin (J.-A.), à Rouen.
Produits asphaltiques.

519. — Bolognési (A.), à Saumur.
Liqueurs.

1362. — Bonafous-Murat (madame veuve), à Castelfranc (Lot).
Ciment, chaux.

1393. — Bondonneau (E.), à Paris.
Photographies.

1413, — Bonifet (A.), à Capian (Gironde).
Charrue.

1169. — Bosmard (A.-R.), à Marseille.
Imitation de marbres.

1364. — Bonnefont (J.), à Marseille.
Composition pour guérir les vins avariés.

1865. — Bonnet (F.), à Gourdon (Lot).
Coutellerie.

1535. — Bonnet-Maury (J.), à Parthenay (Deux-
Sèvres).
Bougies.

1904. — Bonneville (H.), et Comp., à Bordeaux.
Cirages, vernis, etc.

449. — Bonnin (A.), à Draguignan.
Chaussures.

1387. — Bonnin (F.), à Bordeaux.
Barils.

1194. — Bonnin (J.) jeune, à Bordeaux.
Machines.

841. — Bontemps (B.), à Paris.
Oiseaux mouvants et chantants.

1851.— Bord (A.), imprimeur, à Bordeaux.
Spécialité pour le commerce et l'industrie. Cette
maison faisant une spécialité des prospectus, cir-
culaires, factures, prix-courants, peut les livrer
dans un bref délai, et aux mêmes prix que les
maisons de Paris.

462. — Borde (E.), à Bordeaux.
Voiture.

466. — Boreiko de Chodzko, à Paris.
Fumivores.

1651. — Bosquet et Pouchaud, à Bordeaux.
Matières végétales pour la vigne.

1813. — Bosès (A.), à Bordeaux.
Machines diverses.

625. — Bosson frères, à Oran (Algérie).
Tabacs, etc.

236. — Bossuet (E.), à Bordeaux.
Dessins en cheveux.

691. — Botts (W.) et Comp., à Cenon-la-Bastide.
Capsules.

1224. — Boubès (Ch.), à Bordeaux.
Travaux en ciments.

477. — Bouchart-Florin, à Tourcoing (Nord).
Tissus.

774. — Boucher)E.) et Comp., à Fuméy (Ardennes).
Appareils de chauffage.

683. — Boude (A.), à Marseille.
Soufre sublimé.

1339. — Boudey (P.), à Bordeaux.

De toutes les branches de l'industrie, celle qui doit
le plus intéresser, est sûrement celle qui s'occupe de
l'alimentation publique, car elle s'adresse à l'humanité entière ; c'est à ce point de vue que nous recom-

mandons d'une manière toute spéciale, les produits
de la fabrication journalière de M. Boudey.

884. — Boué (P.), à Bordeaux.

Désinfection des futailles ayant contenu toutes sortes de liquides avariés, tels que vin, eau-de-vie,
rhum, tafia, kirch, huiles, etc. Le tout par un procédé nouveau garanti.

1470. — Bouilly (Ch.), à Bordeaux.

Lustres..

680. — Boulla (B.), à Nimes.

Châles.

1081. — Bounaud, à Bordeaux.

Meubles.

366. — Bouniol (P.) et (Salles (M.), à Bordeaux.

Confections.

1871 et 1882. — Bouquet et fils, à Saint-André
(Réunion).

Vanille.

1801 et 1988. — Bouquet (M.), à Paris.

Faïences.

613. — Bourdron (J.), à Cozes (Charente-Inférieure).

Tables.

870. — Boreau (H.), à Bordeaux.

Photographies.

771. — Bourgeois, à Dijon.

Pains d'épices.

1281. — BOURGEOIS-HENNETRIER, à Romain-sur-
Meuse (Haute-Marne).
Ciseaux.

364. — BOURGEOIS-PENSÉE, à Romain-sur-Meuse
(Haute-Marne).
Coutellerie.

993. — BOURGEOISE (J.-B.) et Comp., à Paris.
Appareil de filtrage.

853. — BOURGERIE-VILLETTE, à Paris.
Vignettes.

1117. — BOURGEOIS (V.), à Boulogne-sur-mer.
Ciments.

1107. — BOUSQUET (P.-C.), à Marseille.
Tendeur de mêches.

1700. — BOUTIGNY, à Argenton (Orne).
Liqueurs.

210. — BOUTINAUD, à Thiviers (Dordogne).
Coutellerie.

714. — BOUVIN (H.), à Paris.
Machines diverses.

1365. — BOYENVAL (C.) fils, à Arras.
Huile à graisser.

1968. — BOYER (C.) et VARENNES, à Asnières
(Seine).
Ancres.

1637. — BOYER (J.), à Bordeaux.
Seaux, tuyaux en cuirs, etc.

177. — Boyer (L.), à Cordes (Tarn).
Cuirs.

1382. — Boyer (V.), à Paris.
Bronzes.

501. — Boyries (J.), à Soussans (Gironde).
Machines agricoles.

861. — Bozzoli (P.), à Alger.
Terres cuites,

1026. — Bragelongen (veuve J. de), au Moule
(Guadeloupe).
Cotons.

283. — Brandeau (L.), à Bordeaux.
Sabots.

520. — Brassens (R.), à Quinsac (Gironde).
Modèles de navires.

1451. — Bréjat (E.), à Bordeaux.
Toiles cirées.

812. — Bresca (L. C. de), à Malaga (Espagne).
Vins.

1854. — Bresdin, à Bordeaux.
Dessins à la plume.

258. — Bresseau (J.), à Angers.
Pianos.

942. — Brethon (L.-J.), à Tours.
Machines à fabriquer les tuyaux de drainage.

93 et 559. — BRETON (C.), à Paris.
Couleurs végétales pour confiserie.

865. — BRETON-LORIOL, à Orléans.
Vinaigres.

1950. — BRIAND (madame veuve), à Choisy (Charente).
Chaux, betons, etc.

245. — BRIEZ (F.), à Arras.
Etreindelles, tapis et courroies.

522. — BRILLET (F.), à Périgueux.
Sécateurs.

588. — BRISSARD (H.), à Tours.
Pousseur mécanique.

1036. — BRISSET père, à Paris.
Cisailles.

1824. — BRISSET frères, à Château-Renaud (Indre-et-Loire).
Cuirs.

221. — BRISSET (veuve E.), à Paris.
Presse, laminoir, etc.

1353. - BRISSON, FAUCHON et Comp., à Orléans.
Moulins.

1305. — BRISSON (J.), à l'ile Saint-Georges (Gironde).
Barriques.

1153. — Brisson et Tamisey-Lagrave, à Saint-
Dizant-de-Gua (Charente-Inférieure).
Vinaigre.

213. — Brocot (A.), à Paris.
Pendules et bronzes.

1723. — Bronno-Bronski (madame de), au château de Saint-Selve (Gironde).
Cocons.

834. — Brout-Perrain (veuve), à Angoulême.
Cleine de chasse.

949. — Bruchaud (C.) et Comp., à Gondrin (Gers).
Armagnac.

761. — Bruère (L.), à Bordeaux.
Mouvement de montre.

1661. — Brun frères, à Bordeaux.
Voitures.

266. — Brun (E.), à Bordeaux.
Produits chimiques, engrais.

154. — Brun (P.), à Lyon.
Une forge, un ventillateur.

866. — Brun père et fils aîné, à Bordeaux, 131
et 133, route de Bayonne.
(Ancienne maison R. Brun, ex-salpêtrier commis-
sionné du Gouvernement en 1820).
Spécialité de nitrate de potasse et de nitrate de
soude raffiné (pur) pour la fabrication de la poudre à l'usage de la médecine.

1448. — BRUNE (veuve), à Bordeaux.
Gruau, croquants.

1683. — BRUNEAU (H.), à Bordeaux.
Épreuves photolithographiques.

845. — BRUNET (J.), à Marseille.
Pâtes alimentaires.

1273. — BRUNET (E.), à Paris.
Extraits concentrés pour liqueurs.

1. — BRUT (Maurice), rue Villeneuve, 6, Bordeaux.)

Ancien élève de Clauzel. — Ce qui distingue surtout la fabrication de cet industriel, c'est le système d'assemblage dans la membrure de ses billards. — Les acheteurs l'apprécient tous les jours. — Ajoutez à cela une coupe fine et élégante, et la modicité des prix. — M. Brut cherche chaque jour à perfectionner l'industrie billardière, et les succès qu'il obtient sont la juste récompense de ses travaux.

132. — BUCHARD (A.), à Paris.
Bois sculptés.

1049. — BUFFAUD frères, à Lyon.
Machines.

1621. — BUGUET, à Bordeaux.
Machines.

297. — BUISSON-ROBIN, à Tours.
Liqueurs.

1290. — CABANES (C.), à Bordeaux.

Vins.

1697. — CABANES (H.), à Bordeaux.

Sasseur mécanique.

1101. — CABANNES (J.), à la Chapelle-Saint-
Remy (Sarthe).

Appareils à recueillir la résine.

1271. — CABIROL (J.-M.), à Paris.

Scaphandres-lampes.

310. — CABOURG (T.), à Paris.

Machine à visser les chaussures.

1873.— CACQUERAY DE VALMÉNIER, à Bras-Fanon
(Réunion).

Vanille.

1029. — CAILLAU, à Bordeaux.

Pain de gluten.

474. — CAILLEBAUT (C.), à Paris.

Machines à coudre.

698. — CAIRE fils, à Draguignan.

Voitures.

1636. — CAIRON et G. TAITAUT, à Bordeaux.

Banc, timbre.

1319. — CALBET (J.) père, à Villeneuve-sur-Lot.

Ciments, chaux.

984. — Calla (C.-F.), à Paris.
Locomobile.

222. —. Callame (H.), à Bordeaux.
Fleurs artificielles.

542. — Calmel (T.), à Bordeaux.
Paysage en relief.

851. — Calvet (J.), à Bordeaux.
Gymnase.

1157. — Cambon (P.), à Montpellier.
Saucissons.

1631. — Camelot (R.), à Bordeaux.
Nattes.

1465. — Campagnac (P.), à Bordeaux.
Armes.

271. — Canonville (J.-B.), à Bordeaux.

Un simple coup d'œil jeté sur la vitrine de cette maison, suffira aux visiteurs pour leur donner une idée de son importance. Chemises, gilets de flanelle, bonnetterie, ganterie du meilleur goût et de la plus solide confection, quoiqu'à des prix abordables, voilà, j'espère, plus qu'il n'en faut pour désirer voir et essayer. M. Canonville fait aussi des vêtements sur mesure, 11, fossés de l'Intendance.

227. — Canut (B.), à Palma de Mayorque (Baléares)
Produits agricoles de l'île.

811. — Capérony jeune, à Martiloque, près Fumel (Lot-et-Garonne).

La fabrication des papiers de paille, avec une apparence toute modeste, est cependant aujourd'hui, grâce à la maison Capérony, une industrie très-importante, et rendant au commerce d'immenses services. Un coup d'œil jeté sur les produits de cette maison, suffira pour les faire apprécier à leur juste valeur. Du reste, la réputation de M. Capérony jeune, est faite depuis longtemps.

1554. — Capeyron (J.), à Bordeaux.
Robinets.

1009. — Carbonnel (J.), à Bordeaux.
Bleu d'azur.

1563. — Carbonnier (D.), à Paris.
Caoutchouc.

400. — Cardailhac-Cadet, à Toulouse.
Machine à laver et sécher le blé.

1055. — Carde (A.), à Bordeaux.
Une croisée, nouveau système de ferrure.

1346. — Carde (E. et J.), à Bordeaux.
Appareil évaporateur, turbine.

1580. — Carde (G.), à Bordeaux.
Système de fermeture.

450. — Cardot (J.-L.), à Stenay (Meuse).
Cuirs.

1482. — Carénon, Boniface et Comp., à Moissac (Gard).

Suc de réglisse.

716. — Carny (V.), à Niort.

Violons.

176. — Carré (F.-F.), à Paris.

Meubles de jardin.

937. — Carré (Veuve) et fils, à Bordeaux.

Machine à boucher.

1521. — Carrère, à Bordeaux.

Un boat.

618. — Carrère (G.), jeune, à Bordeaux.

Tamis et grillages.

1724. — Carrère, à Bordeaux.

Volière, tamis, etc.

1446. — Carrères (J.) et Descos, à Bordeaux.

Caisses.

184. — Carrié (J.-H.), à Couze (Dordogne).

Formes pour la fabrication du papier à la cuve.

1392. — Carrière (L.), à Paris.

Cadres, etc.

208. — Cartier (A. de), à Auderghem (Belgique).
Sans concours.

Minium de fer.

748. — Cartier (F.), à Tours.

Vins.

69. — Cartier-Bresson, à Paris.

Fils de cotons retors.

587. — Cartier-Cassière (H.), à Tours.

Produits alimentaires.

62. — Carue, à Paris.

Gymnase.

429.— Carvin fils, rue de Rome, 151, à Marseille.

La maison Carvin, pour le commerce des chaux, date de 1785. Créée par Esprit Carvin, auquel succéda son fils en 1805, sous la raison commerciale de Carvin fils, qui s'est transmise de père en fils jusqu'à nos jours, elle est aujourd'hui dirigée par MM. Esprit-Jean-Joseph et Pierre Carvin frères.

A ses nombreux fours à chaux, à sa vaste usine du vallon de Vaufrège (ou Gineste), banlieue de Marseille, cette maison a ajouté l'usine de la Bédoule, dans la commune de Roquefort (Bouches-du-Rhône), de M. l'Ingénieur en chef des mines, H. de Villeneuve.

Elle peut donc satisfaire aux plus grandes fournitures de la construction.

Son usine, sise au lieu dit le Fanyas, et à laquelle depuis un an sont appliqués les procédés de fabrication du savant ingénieur H. de Villeneuve, munie d'un moteur à vapeur de la force de quinze chevaux, atteint une production régulière de 50,000 kilog. de chaux hydraulique par jour.

L'usine de la Bédoule, créée depuis vingt-cinq ans, est avantageusement connue de tous les constructeurs par la supériorité de ses produits, qui consistent en :

Chaux hydraulyque, dite chaux blanche siliceuse, de la Bédoule.

Ciment romain, ordinaire, dit de Roquefort.

Ciment romain gris, supérieur, de la Bédoule.

Elle atteint, au moyen d'un puissant moteur à vapeur, une production régulière de 100,000 kilog. par jour, ce qui la classe au nombre des plus grandes usines de cette industrie.

L'éclatante sanction (médaille de première classe), que l'Exposition universelle de Paris en 1855, donna aux procédés et aux produits de M. l'ingénieur H. de Villeneuve, en le plaçant dans l'ordre de récompense, immédiatement après M. Vicat, est une preuve sans réplique, de la supériorité des procédés de fabrication suivis dans cette usine.

M. l'ingénieur, H. de Villeneuve, a plus particulièrement porté son attention sur la fabrication des ciments, et tous ses efforts ont tendu à obtenir des ciments éminemment supérieurs. Mais nous devons le dire, la nature l'a admirablement secondé, car la carrière qu'il découvrit, et que la maison Carvin fils exploite, possède une combinaison de bancs de calcaires silico-argileux, contenant des éléments d'hydraulicité exceptionnels qui contribuent puissamment à la supériorité de ses produits.

Les ciments de la maison Carvin fils sont de deux sortes :

1º Les ciments rapides ;

2º Les ciments lents ;

La maison Carvin fils n'exécute aucun travail pour elle-même ; elle se borne à vendre ses produits qu'elle cherche chaque jour à améliorer par de nouveaux perfectionnements, et la surveillance incessante d'une habile et intelligente direction.

Tous ses produits, livrés en barils et en sacs, porteront les marques de la maison.

Les prix pouvant varier suivant les conditions de fournitures, d'emballage et du lieu d'embarquement, les frères Carvin croient devoir indiquer que leurs prix de fabrique sont les suivants :

Chaux hydraulique de la Bédoule, les 100 k. F. 1 40
Chaux hydraulique de Vaufrège (Gineste)...... 1 20
Ciment romain de Roquefort.................. 2 »
Ciment romain gris de la Bédoule............ 3

La maison Carvin fils s'empressera d'ailleurs d'adresser (franco) ses prix-courants à toute personne qui lui en fera la demande.

Messieurs les constructeurs et les administrations, qui n'auront point de correspondant à Marseille, peuvent s'adresser à elle. La maison se charge, sans autres frais que ses débours, de l'affrétement et de toutes les formalités d'embarquement et d'expédition.

Nota. — La maison Carvin fils apporte des soins tout particuliers dans la confection de ses barils, surtout pour ceux destinés à l'exportation ; aussi, don-

nent-ils avec un double papier d'emballage, toute sécurité contre les chances d'humidité pendant la
traversée.

Le Représentant à Bordeaux est M.

1774. — CASANOLE (J.), à Tonneins.
Cul-de-lampe.

1682. — CASIMIR (G.), à Bordeaux.
Fourneaux.

505. — CASSAIGNE (J.), à Gavaudan (Lot-et-
Garonne).
Bois divers.

1899. — CASSIGNOL (L.), à Jerez-de-Frontera.
Photographies.

1337. — CASSIN (M.), à Libourne.
Plan de propriété.

54. — CASTAING et Comp., à Floirac (Gironde).
Stéarine, bougies, savons.

654. — CASTANET (F.), à Bordeaux.
Machine à hacher la viande.

1144. — CASTEL (F.), à Bordeaux.
Fourneaux.

1291.— CASTELLET Y BALTA, à Tarrosa (Catalogne).
Vins.

1015, 1016, 1017, 1018. — CASTHELAZ (J.), à Paris.
Produits chimiques.

1812. — Castilla y Comp., à Corilla (Navarre).
Réglisse.

545.— Castillo et Rapnouil, à Sénac (Charente).
Cognac.

671. — Castillon-Duperron, à Bordeaux.
Bouteilles à vis, etc.

815. — Castillon-Duperron, à Cestas (Gironde).
Godets à résine.

1567. — Castillon (D.), à Bordeaux.
Pommade.

922. — Castro (M.), à Bordeaux.
Ouvrage de comptabilité

22. — Cato (A.), à Bordeaux.
Voitures.

903. — Caton (J.), à Sainte-Foy (Gironde).
Album botanique.

898. — Cauderès à Bordeaux.
Divers instruments de musique.

457. — Caussemille jeune et Comp., à Marseille.
Allumettes.

1148. — Caut (P.), 154, rue Saint-Claude, à
Bordeaux

Produits Caut. — Un jeu de mots nommé : Dic-
tionnai-Caut, instructif, moral et alternatif. Prix :
80 francs.
L'eau universelle pour la toilette, indispensable et

infaillible pour la conservation de la chevelure. Prix :
1 fr. 10 le flacon.

La pommade progressive inaltérable pour les pro-
grès de la chevelure. Poids net, 60 grammes. Prix :
1 fr. 10 c. le pot.

Le liquide pédicure, indispensable et infaillible pour
faire disparaître les sensibilités des pieds. Prix : 1 fr.
10 c. le flacon.

954. — CAVALIER (L.), à Bordeaux.

Postiches.

336. — CAYLA (E.), à Misserghin (Algérie).

Céréales.

631. — CAYROU (M.) et Comp., à Bègles (Gironde).

Bougies, savons.

638. — CAZAL (J.-H.), à Paris.

Machines à coudre.

1691. — CAZEAUX, CÉZAR, BRU et Comp., à Toulouse.

Allumettes.

348. — CAZEAUX (L.), à Bordeaux.

Billard.

1893. — CAZEAUX (E.) et Comp., à Bordeaux.

Vins.

1728. — CAZENAVE (D.) et Comp., à Cantecrit
(Gironde).

Huiles, graines.

1125.— CAZENAVE (M.-P.) et Comp., à Nérac (Lot-et-Garonne).
Vinaigres.

667. — CAZENAVE (P.-M.), à Bayonne.
Chocolat.

1187. — CAZENEUVE (G.), à Bordeaux.
Scie à rubans.

203. — CAZENTRE (J.), à Bordeaux.
Sommier élastique.

998.— CÉLISSE (J.-B.), à Paris.
Pièces en sucre.

1269. — CELLES (A. DE), à Paris.
Machines à coudre.

88. — CERF et NAXARA, à Bordeaux.
Paris avait naguère le monopole de l'industrie du cartonnage. Bordeaux, sous l'heureuse initiative de MM. Cerf et Naxara, tend tous les jours à lui faire une sérieuse concurrence.

Ces deux ouvriers cartonniers, artistes de talent en même temps qu'industriels habiles, fondèrent en 1829, une maison pour l'exploitation de la papeterie, de la reliure, de la gaînerie et particulièrement du cartonnage de tous genres, pour l'exportation et l'intérieur.

Ils furent les premiers qui eurent la pensée d'employer leurs cartonnages à l'enveloppe des prunes d'ente, dont il se fait dans toute la Gascogne un si grand commerce.

Les exportateurs de cet article applaudirent à leur idée, et bientôt les commandes arrivèrent en foule et nécessitèrent la création de vastes ateliers où 250 à 300 travailleurs de tous âges et de tous sexes, sont annuellement occupés.

Ce premier succès obtenu, MM. Cerf et Naxara abordèrent le travail des cartons pour étrennes. Tous les ans, aux approches du premier janvier, la foule se presse dans les salons d'exposition de ces deux industriels, pour y admirer la richesse, l'élégance et les fantaisies éclatantes de leurs cartonnages; les corbeilles pour mariages et baptêmes, les boîtes à châles, à gants, à jarretières, à ouvrage, sont des petits chefs-d'œuvre d'art et de patience, sur lesquels plus d'une maison de la capitale serait heureuse d'inscrire son nom.

243. — CERTAIN (J.-B.), à Bordeaux.

Modèles de forge de cloutier.

247. — CERTAIN (P.), à Bordeaux.

Objets divers en fer.

1572. — CESSAC (L.), à Sainte-Eulalie-d'Ambarès.

Chaux hydraulique.

1186. — CESSAT (J.), à Bordeaux.

Vinaigre.

1087. — CHABERT (T.) et Comp., à Marseille.

Étoupes goudronnées.

1555. — CHABRAN, à Marseille.

Coffre à médicaments.

1863. — CHABROL (M.), à Périgueux.

Saucissons, pâtés, etc.

1160. — CHAIGNEAU frères, à Lormont (Gironde).

Modèles de constructions navales.

67. — CHALOPIN (M.-S.), à Paris.

Machines à boucher.

58. — CHALLETON DE BRUGHAT, à Montauger (Seine-et-Oise).

Tourbe.

25. — CHAMBON-LACROISADE, à Paris.

Fers à repasser, etc.

1423. — CHAMBRELENT (J.), à Bordeaux.

Culture forestière, etc.

1021. — CHAMEROY et Comp., à Paris.

Tuyaux en tôle et bitume.

758. — CHAMEROY (J.-R.), à Corgirnon (Haute-Marne).

Meules à aiguiser.

9. — CHAMPIGNEULLE (Ch.), à Metz.

Statues en terre cuite.

338. — CHAMPION et AUMÈTRE, à Bordeaux.

Panneaux armoriés.

1623. — CHANTECAILLE, à Auby (Gironde).

Eaux-de-vie.

1722. — CHAPA, CHARRIER et DERNUBET, à Bordeaux

L'appareil Chapa, Charrier et Dubernet, d'une combinaison et d'une simplicité remarquable, produit le gaz photoatmosphérique sans aucune main-d'œuvre, en tous lieux et au fur et à mesure des besoins de consommation, quels que soient leur importance, pouvant, par conséquent, se fabriquer et s'installer dans l'endroit le plus isolé, tout aussi bien que dans la ville la plus populeuse.

Ce gaz produit au moyen de l'air chaud, combiné et mélangé avec les essences d'huile minérale, est d'une intensité lumineuse très-supérieure au gaz de houille, d'un prix de revient sensiblement inférieur, sans danger d'explosion et sans odeur.

517. — CHAPPAZ (P.), à Marseille.
Liqueurs.

480. — CHAPERON, PERRIGAULT et Comp., à Libourne.
Meules.

1096. — CHAPOIX (T.), à Auxonne (Côte-d'Or).
Café factice d'orge.

859. — CHAPOTON-FEINAS, à Saint-Étienne.
Tissus-caoutchouc.

1098. — CHAPPUY (L.), à Douai (Nord).
Dames-jeannes.

55. — CHARDOUNAUD et DUCROS-ODRAT, à Nîmes.
Sucs de réglisse.

1324. — CHARIOL (G.), à Bordeaux.
Étiquettes.

1537. — CHARLES (madame S.), à Paris.
Buanderie économique.

1310. — CHARPENTIER, à Nantes.
Livres, gravures.

534. — CHARRAS et Comp., à Nyons (Drôme).
Essences et huiles.

1499. — CHARRIER (T.), à Nersac (Charente).
Feutres pour papeterie.

1422. — CHARTON-REY et HIMBEPT, à Nuits
(Côte-d'Or).
Entonnoirs.

211. — CHARVET (Veuve) et fils, au Guas de Re-
nages, près Rives (Isère).
Aciers. — Instruments d'agriculture.

1945. — CHASSAIGNE (A.-F.), à la Brie.
Gerbe de blé.

1487. — CHATAGNIER (B.), à Bordeaux.
Formes pour chaussures.

323. — CHATIZEL (Veuve) et Comp., à Angers.
Baleines en rotins.

1775 et 1777. — CHAUMEL (P.), à Bordeaux.
Machines agricoles, dessins, etc.

302. — CHAUMET (E.) et Comp., à Bordeaux.
Riz et farine de riz.

1933. — CHAUMONT (R.), à Bordeaux.
Outils.

935. — CHAUSSON (E.), à Paris.
Torréfacteur, chicorée, etc.

401. — CHAUVET fils, à Marmande.
Tricots.

763. — CHAUVET, à Bordeaux.
Liqueurs.

881. — CHAUVET (J.-J.-B.), à Bordeaux.
Fleurs en fer repoussé.

727. — CHAUVIN (G.) et Comp., à Paris.
Fontaines de ménage.

1648. — CHAVANE (H.), à Cette.
Vins.

1778. — CHAZELLE (DE), à Moule (Guadeloupe).
Sucre.

647. — CHEFDEVILLE (E.), à Elbeuf.
Paletots.

917. — CHEFTEL (F.), à Saint-Malo.
Tableau de plantes marines.

1936. — CHENAILLIER (P.), à Paris.
Evaporateur.

1862. — CHENARD et RABOTEAU, à Nantes.
Liqueurs.

1591. — CHÈNEAUX (G.), à St-Pierre (Martinique).
Rhum.

1435. — CHENEL (F.), à Nantes.
Machine agricole.

66. — CHEVÈNEMENT (E.), à Bordeaux.
Encres et cirages.

1820. — CHIAPELLA (J.), à Bordeaux.
Vins.

537. — CHIPOULET et ARNAUD, à Toulouse.
Pâtes alimentaires.

1472. — CHIRON (P.), à Lalande-Pommerol, (Gironde).

Autel, croix, etc.

1605. — CHOMEREAU-LAMOTHE, à Saint-Pierre (Martinique).

Café.

826. — CHONNEAUX (E.), à Paris.

Parfumeries.

108. — CHOQUET (J.), à Paris.

Instruments d'optique.

130. — CHOUMARA (V.), à Paris.

Bonbons à surprises.

1566. — CHRÉTIEN fils, à Paris.

Lampes, etc.

1031. — CISTAC-TRISTAN, 29, rue Mazarin, à Bordeaux.

PRODIGE DE LA CHIMIE !

Séve CISTAC-TRISTAN, membre de plusieurs Académies et Sociétés savantes, à Bordeaux, offre une belle chevelure aux personnes chauves de tous les âges; il ne demande qu'un peu de foi pour faire beaucoup de bien!... Deux frictions suffisent pour arrêter la chute des cheveux, et, avec trois flacons, on fait repousser une magnifique chevelure.

Cette Séve, seule en Europe, a obtenu des résultats et des succès constants. Les cures merveilleuses et les certificats innombrables qui lui sont décernés chaque jour, attestent son efficacité prodigieuse.

Prix du flacon : 10 fr.

407. — CLAES (M.), à Bordeaux.
Fourneaux.

1213. — CLAPARÈDE neveu et Comp., à Montpellier.
Alambic.

1263. — CLAVERY (E.), à Tosse (Landes).
Bouchons.

121. — CLAVIER (E.), à Paris.
Bronzes, chenets.

351. — CLAVIÈRES (J.) et LAMBEY (A.), à St-Mamet (Haute-Garonne).
Fourneaux condensateurs des gaz métallifères.

10. — CLÈRE (H.), DRAPIER et Comp., à Bordeaux.
Meubles divers.

393. — CLÉRISSE (E.), à Evreux.
Coutils.

1539. — CLOUZOT (L.), à Niort.
Ouvrages divers.

806. — CLOVIS et ROLLET (H.), jeune, à la Ferté-Macé (Orne).
Passementeries.

1336. — COBÈRE (G.), à Bordeaux.
Pantalon équestre.

379. — Codirolle (A.), à Bordeaux.
Étiquettes.

5. — Coffignon frères, à Paris.
Bijouterie, orfèvrerie, joaillerie.

232. — Coiffard (R.), à Bordeaux.
Confections.

1323. — Coignet (F.), à Paris.
Passementeries.

1007. — Coignet (F.), à Paris.
Pierres artificielles.

52 — Coint aîné et Comp., à Lyon.
Peignes à tisser.

1783. — Colardeau (C.), à l'Espérance-St-Claude
(Guadeloupe).
Café.

1956. — Collarino (A.), à Marseille.
Lieux d'aisance, urinoirs, etc.

191. — Colas frères, à Moutiers-sur-Saulx
(Meuse).
Fonte moulée.

907. — Combès (A.), à Bordeaux.
Stucs, incrustations, etc.

383. — Compagnies houillières de l'Aveyron, à
Toulouse.
Houilles, cokes, etc.

1817. — COMPAGNONS CHARPENTIERS DU DEVOIR DE LIBERTÉ, à Bordeaux.

Chef-d'œuvre.

514. — COMTE (F.), à Bordeaux.
Photographies.

275. — CONDIS (E.), à Bordeaux.
Escaliers, pièces de trait.

1237. — CONQUET (A.), à Alet (Aude).
Meules à aiguiser.

1653. — CONSEIL (T.), à Bordeaux.
Produits résineux.

783. — CONSTANT (J.-B.-J.), à Bordeaux.
Gravures, frein.

1821. — CONTRE (D.), à Bordeaux.

Les Négociants qui ont fait usage de l'encre électro-chimique indélébile, de M. Contre, font les plus grands éloges de sa vertu communicative, car elle reproduit plusieurs jours après avoir écrit. M. Contre est le fournisseur de la plupart des Compagnies de chemins de fer.

375. — COQUATRIX (J.-B.), à Paris.
Tapis mosaïques.

850. — CORDEBART (J.-B.-A.), à Angoulême.
Objets d'agriculture.

1556. — CORNEAU frères, à Charleville.
Appareils de chauffage.

1201. — CORNEILLAN (comtesse C. DE), à Paris.
Soies, étoffes, etc.

1615. — CORNETTE DE VENANCOURT, à Rivière-
Pilote (Martinique).
Rhum et Tafia.

1994. — CORNEVIN, à la Flèche.
Mosaïques.

1857. — CORNILLIAC, à Bordeaux.
Chauffe-pieds.

1150. — CORNIQUEL (Ch.), à Vannes.
Cuirs.

175. — CORNU (E.), à Bordeaux.
Machines à coudre.

1888. — CORTADELLA (A.), à Toulouse.
Farine et semoule de maïs.

1819. — COSNARD (T.), à Bordeaux.
Fruits conservés.

1373. — COSTE (J.), à Mascara (Algérie).
Vins.

1204. — COUDERC (A.) et SOUCARET fils, à Mon-
tauban.
Soies, gréges, etc.

1866. — COUDREAU (B.), Grande-Rue et rue Jan-
neuve, à Libourne.
Vinaigre blanc pur vin double, clarifié, degré supérieur.

1593 — COUFFE (M.-N.), à Gros-Morne (Martinique).
Ananas.

1368. — COULON (C.), à Mascara (Algérie).
Vins.

1369. — COULON (D.), à Mascara (Algérie).
Vins.

1894. — COULOUBIE-COLO, à Saint-Symphorien
(Gironde).
Outils.

885. — COUPPE (N.-F.), à Paris.
Bronzes.

696. — COURDOUZY, à Bordeaux.
Capsules.

1632. — COUROT (A.), à Houga (Gers).
Cristaux de tartre.

681. — COURET (J.), à Sénarens (Haute-Garonne).
Machine agricole.

1941. — COURRÉGELONGUE frères, à Bordeaux.
Appareils à boissons gazeuzes, etc.

1964. — COURTINES et MONNET, à Paris.
Extincteur du feu.

901. — COURTOIS (E.) et Comp., à Paris.
Cuirs vernis.

1074. — COURTOIS (F.), à Bordeaux.
Pompe.

1483. — Courtois (P.), à Gironde (Gironde).
Sabots.

223. — Courtois (P.), à Sireuil (Charente).
Pompe.

601. — Cousin frères, à Bordeaux.
Machines.

1900. — Cousin (E.), à Bordeaux.
Machines à vapeur.

1770. — Cousinet (P.) et fils, à Bordeaux.
Bitumes.

1768. — Cousseilhat (A.), à Toujouze (Gers).
Eaux-de-vie.

197. — Coussin (C.), à Bordeaux.
Glands doux.

453. — Coutures frères, à Bordeaux.
Bouteilles.

1514. — Couvez et Comp., à Paris.
Papiers albuminés.

1085. — Caux (J. de la), à Paris.

L'appareil connu dans l'industrie sous le nom de **Graisseur de la Caux**, lubrifie d'une façon parfaite les arbres tournants, procure une ÉCONOMIE D'HUILE TRÈS-CONSIDÉRABLE (au moins 80 p. 100) et rend impossible les accidents, si fréquents avec l'ancien mode de graissage.

Nous ne saurions donc trop recommander, au

double point de vue de l'économie et de l'humanité,
les GRAISSEURS ÉCONOMIQUES de M. Jules de la CAUX,
33, rue Bergère, à Paris.

439. — COUYTIGNE (H.), à Bordeaux.
Chocolats, confiseries.

1361. — CRABEY (J.), à Lugon (Gironde).
Outils.

1760. — CRESPIN (G.) et MANADÉ, à Toulouse.
Kummel français.

973. — CRESSIER (E.), à Besançon.
Montres.

1041. — CRESWELL, TAVERNIER et Comp.
Miroirs.

1557. — CREUZÉ (J.), à Châtellerault.
Vins.

1736. — CROLLIN jeune, à Bordeaux.
Porte-manteaux, porte-chapeaux, etc.

1803. — CRUGY (E.), à Bordeaux.
Soufflet.

1377. CUNY (J.-L.), à Mascara (Algérie).
Vins.

90. — CURÉ (F.), à Maromme (Seine-Inférieure).
Châssis à tabatière, etc.

355. — CURMER (L.), à Paris.
Publications artistiques et de luxe.

1065. — Cussan, à Aiguillon (Lot-et-Garonne).
Machines agricoles.

163. — Cuzol et fils et Comp., à Castelmoron.
Prunes conservées.

1592. — Cyr (E.), à Saint-Pierre (Martinique).
Tabac.

529. — Daille (P.-F.), à Brossac (Charente).
Navettes, toiles.

1902 et 1903. — Daldrièu (J.), à Sermaize
(Marne).

Ressorts d'horlogerie.

1577. — Dalemagne (E.), à Paris.
Matériaux silicatilisés.

824. — Dalle (J.), à Bosbecque (Nord).
Lin.

463. — Dallier (F.) et Comp., à Bordeaux.
Vernis.

145. — Damain (N.-E.), à Paris.
Cuvettes, glaces, verres, etc., pour photographies.

750. — Damaso de Barrenengoa, à Cuidad-Réal
(Espagne).

Chocolats, cafés.

742. — Damourette (J.-P.), à Paris.
Machines diverses.

1061. — Dandrieu (E.) et fils, à Casteljaloux.
Carreaux.

1581 et 1582. — Daney (F.), à Bordeaux.
Modèle d'un pont, ouvrages en cuivre.

205. — Danflou (A.), à Bordeaux.
Photographies.

1594. — Danglis (J.-L.), à Ste-Marie (Martinique).
Tabac.

1325. — Daniau (C.), au Tourne (Gironde).
Bois de teinture.

1064. — Danty (P.), à Bordeaux.
Photographies.

1100. — Danvin (A.-E.), à Pons (Charente-Inférieure).
Liqueurs.

381. — Darfeuille (F.) aîné, à Bordeaux.
Parfumeries.

1839. — Dariste (G.), au Corbet (Martinique).
Rhum.

102. — Darlot (E.), à Paris.
Instruments d'optique pour la photographie.

1832. — Dartis (Ch.), à Bordeaux.
Machine hydraulique.

802. — Dabribet (J.-I.), à Dax.
Siéges d'aisance.

1244. — Darré (F.), à Bordeaux.
Armoiries.

1225, 1226 et 1227. — Darriet frères, à Bordeaux.

Fontes, machine à vapeur, ventilateur.

1721. — d'Arrippe (G.), rue de la Taupe, 71, à Bordeaux.

Le Jeu géographique de l'Aigle Française, repose sur une nouvelle division de la France, qui, outre qu'elle a une base scientifique et le mérite d'une grande précision, donne lieu à une foule d'opérations mnémoniques aussi instructives qu'amusantes. La figure d'aigle, elle-même, simple effet pourtant du hasard, ajoute à ces moyens de retenir, en même temps qu'elle est une image agréable aux enfants. Le jeu de patience a autant de pièces faciles à distinguer, que la France a de départements. Le jeu est accompagné d'une instruction. Une instruction plus développée a été publiée en brochure.

S'adresser à M. Gautier, éditeur, boulevard de Sébastopol, 121, à Paris, ou à M. Falconnet, cours de Tourny, 17, à Bordeaux.

485. — Darroux (G.), à Castéra-Lectourois (Gers).

Machines agricoles.

1167. — Darroze (L.-R.), à Pontoux-sur-l'Adour (Landes).

Mesures de capacité.

1951. — d'Astima, à Cervione (Corse).

Vins.

1077 et 908. — Daubrée (E.) et Comp., à Clermont-Ferrand.

Caoutchouc, machine, pompe.

820. — D'AUBREVILLE (E.), à Paris.
Prompt rôtisseur.

523. — DAUDIN (J.-P.-F.), à Paris.
Machines diverses.

279. — DAUPHIN (B.) et Comp., à Paris.
Liqueurs.

1695. — DAUSQUÉ (E.) et Comp., à Paris.
Bougies.

1185. — DAUZAT (J.), à Saintes.
Armes.

1457. — DEBAIN (A.-F.), à Paris.
Pianos.

188. — DEBATISTE (P.), à Paris.
Machine à chocolat.

980. — DEBONLIEU (V.), à Bordeaux.
Voitures.

1831. — DEBOTAS, DAVAL et Comp., à Bordeaux.
Bijouterie.

720. — DECASSE (Ch.), au Corbet (Martinique).
Sucre.

1798. — DECLERQ (A.), à Paris.
Meubles.

1961. — DEFFARGES (A.), à Vayres.
Liqueurs.

1903. — DEGAUT (E.), au Taillan (Gironde).
Souliers.

1679. — Dégranges (J.), à Guîtres (Gironde).
Système de dégraissage.

976. — Déjean (A.), à Bordeaux.
Appareils de chauffage.

670. — Dejean, (A.), à Bordeaux.
Pommade.

926. — Delaage (T.) fils et Comp., à Cognac.
Eaux-de-vie.

49. — Delabarre (A.), à Rouen.
Châssis à tabatière, casiers à bouteilles.

1932. — Delabarre (Ch.), à Paris.
Syphons.

326. — Delabrière (V.), à Paris.
Parfumeries.

849. — Delacour (F.), à Bordeaux.
Lunettes, jets d'eau pour landau.

1748. — Delagrave (Ch.) et Comp., à Paris.
Volumes divers.

940. — Delahaye et Nettier, à Paris.
Huiles de foie de morue.

775. — Delalain (J.) et fils, imprimeurs de
l'Université de France, 76, rue des Ecoles, à
Paris.
Livres classiques français, latins, grecs, anglais,
allemands, etc., à l'usage des écoles, des pensions,

des colléges et des lycées; recueil périodique et Annuaire relatifs à l'instruction publique.

Maison spéciale, depuis plus d'un siècle, pour la publication des livres classiques.

397. — DELAPORTA (P.), à Bordeaux.
Galvanoplastie.

486. —- DELARUE (A.-A.), à Paris.
Coffres-forts.

373. — DELAS et Comp., à Lardin (Dordogne).
Bouteilles.

1674. — DELASTRE (M.), à Paris.
Encres.

1120. — DELCOMINETTE (E.), LAURENT et CASTRE-
LAZ, à Nancy.
Guano

977. — DELEAUX (D.), rue de Gourgues, 24,
Bordeaux.

Le Mannequin de la dernière République oPiliteuq ed 8181 D 1 D...l. L'exil de lile S-te Elêne et retour de l'exil de Napoléon III En 1814 il y avait un Lion terrible qui métait l'épouvante en Europe — E dans L'univers entier : bréf que toutes les nations du Monde entier faisaient à la fois la chasse ace ter- rible héros et il Résistait partout devant une telle force. En 1815, fut pris dans son repaire, non par les nations qui ne savaient point faire la chasse Mais il fut pris quand Même; en faisant sa prome- nade d'habitude en Europe; il se trouva cerné au milieu de quelques insectes empoisonnés : et il fut au pouvoir des nations censésmort : — voilà l'honneur qu'elles eurent et elles n'avait plus peur. Mais il Resta un petit rejeton de cette race divine : qui est devenue déja Enorme.

Se petit Maunement Politique : pour l'intérêt du Gouvernement — devrait être construit en Grand ; cest la même que lon apersoit la lumière de la nature qui a éclère l'Hurope entière.

53. — DELETTREZ (G.) et Comp., à Paris.

Graines et appareils.

702. — DELHAYE-HERBECQ, à Sobre-le-Château (Nord).

Molletons.

1569. — DELLUC (O.), à Latresne (Gironde).

Voitures.

781. — DELMAS (C.), à Bordeaux.

Bougies.

1243. — DELMON (madame), à Angoulême.

Corsets.

1707. — DE LÔMPUY (A.), BUCHE et Comp., 10, rue Neuve, à Bordeaux.

Ancienne maison P. Clermont et Comp. fondée en 1825. Fabrique de liqueurs et sirops de toutes sortes. — Spécialité de fruits au jus et à l'eau-de-vie. — Vins et spiritueux. en fûts et en caisses pour l'exportation.

Cette maison se distingue par la qualité, le conditionnement et les prix modérés de tous ses produits.

L'importance de son établissement et l'installation de son matériel lui permettent d'exécuter les commandes dans le plus bref délai.

Elle recommande particulièrement aux consommateurs sa liqueur, dite SOUTIEN DE LA VIEILESSE, qui, par l'originalité et l'excellence de sa composition, facilite les digestions laborieuses et réconforte les estomacs débiles et affaiblis par l'âge.

1455. — DELON (F.), au Puy-Lagerac (Haute-Vienne).

Appareils de cuisson pour les aliments.

874. — DELORME (F.), à Podensac (Gironde).

Crins végétaux de la Maison Raphaël Delorme et Comp., de Toulouse (Haute-Garonne).

Médailles de prix, de bronze, d'argent et d'or, aux Expositions de Toulouse, Paris et Londres.

1177. — DELPÉRIER (P.), à Saint-Aubin-d'Issigeac (Dordogne).

Meubles.

975. — DELRIEU (P.) à Sainte-Foy-la-Grande, (Gironde

Enduit.

1837. — DEMARÇAY et FOURRAULT, à CHOLET.

Mouchoirs, etc.

1221. — DEMARLE-LONGUETY et Comp., à Boulogne-sur-Mer (Pas-de-Calais).

Ciments.

1042. — Dencausse, Moussié et Olivier, à Bordeaux.

Carton.

335. — Denigès (J.), à Bordeaux.
Tableaux, écussons.

1516. — Denis (P.), à Bordeaux.
Garde-robe en fonte.

408. — Denisse (J.) et Comp., à Bordeaux.
Photographies.

1306. — Denizot (B.), à Miramont (Lot-et-Garonne).

Le sieur DENIZOT, mécanicien à Miramont, département de Lot-et-Garonne, a l'honneur d'informer MM. les Propriétaires, qu'il a exposé, sous le n° 1306 de l'Exposition de Bordeaux, un Araire de son invention, qui offre d'immenses avantages sur tous les systèmes connus jusqu'à ce jour.

Avec un bien moindre emploi de force, cet Araire défonce, à une grande profondeur, les terrains les plus résistants.

Grâce au mécanisme aussi simple qu'ingénieux qui fait son prix, il renverse à volonté les terres du même côté sur la ligne d'aller et de retour, ce qui permet :

1° De remonter les terres sur les pentes des coteaux ;

2° De combler, avec autant de facilité que d'économie, les enfoncements de terrains qui exigent des transports de terre aussi longs que coûteux, puisqu'ils ne peuvent s'exécuter que par la pioche et la brouette. L'Araire système DENIZOT, avant de paraître sous les yeux du public, a été éprouvé à ces différents points de vue.

Il a dépassé, nous pouvons hautement l'affirmer, l'attente des nombreux témoins qui ont voulu le voir fonctionner.

Tous ceux dont les propriétés présentent quelques coteaux ou aspérités trouvent dans l'emploi de cet Araire, dont le mécanisme est aussi solide que simple, économie de temps et d'argent.

780. — Déon fils, à Sens (Yonne).

Cette maison fabrique spécialement les cuirs noirs pour sellerie et bourellerie, ainsi que les cuirs pour courroies d'usine. Sa bonne fabrication lui a mérité une Mention honorable à Auxerrre, en 1858.

Une médaille de bronze à Chaumont, en 1865.

1793. — Dépensier et Moreau, à Saint-Dizier.

Serrurerie et quincaillerie.

1619. — Depeyre, à Montcuq (Lot).

Lampisterie, ferblanterie, pompes, de tous systèmes. Relevage au marteau d'animaux et tous travaux en zinc et cuivre. Fabrique de mesures en tôles pour les céréales.

1639. — Députation générale de la province de Alava (Espagne).

Vins.

1045. — Depuydt (J.), à Bordeaux.
Instruments en cuivre.

1541. — Derien (O.), à Paimpol (Côtes-du-Nord).
Ustensiles de pêche.

1111. — Dérivis (A.), à Alby.
Encre.

595. — Derrien (E.), à Chantenay (Loire-Infé-
rieure).
Noirs et engrais.

343. — Derriey (J.), à Paris.
Machines diverses.

1328. — Derriey (J.-C.), à Paris.
Album typographique.

730. — Desarps (Ch.), à Bordeaux.
Meubles.

1975. — Deschandeliers, à Ruffec.
Pâtés

551. — Descoins (A.), à Bordeaux.
Voitures.

582 et 583. — Descorps et Prevel, à la Réole.
Lanternes diverses.

832. — Descreux (J.-B.), à Saint-Etienne.
Outils.

446. — Déségaulx fils et Comp., à Bordeaux.
Fruits au vinaigre, conserves, moutarde.

741. — DESENS (L.) et Comp., à Saint-Denis.
Baigneuses.

84. — DESESPRINGALLE et MOREAU, à Marquette
(Nord).
Dérivés de l'alcool.

1496. — DESFEUX (P.), à Billancourt (Seine).
Carton-cuir,

1559. — DÉSIRÉ LACOSTE (l'abbé), à Bordeaux.
Portraits.

1273. — DESMOTTES (F.), à Paris.
Rouge vermillon.

186. — DESPAX aîné et Comp., à la Cipière (près
Toulouse).
Engrais.

1713. — DESPAX (L.), et neveu, à Bordeaux.
Produits chimiques.

1436. — DESPORT aîné, à Nontron (Dordogne).
Machines agricoles.

291. — DESPOUYS et LAUREILHE, à Bordeaux.
Vernis, essences, lampes.

1529. — DESPUJOULETS-GÉRARD, à Bordeaux.
Ustensiles de ménage.

425. — DESSON (J.-E.), à Paris.
Flacons, syphons, etc.

646. — DESVAUX (J.), à Elbeuf.
Nouveautés.

990. — Desvignes (J.-P.), à Paris.
Extraits pour liqueurs.

1877. — Dethan-Adhémar, à Paris.
Huile, oléine.

575. — Detraux, Bouquillion et Comp., à Arques
(Pas-de-Calais).
Fils écrus, etc.

598. — Devaux (A.-P.), à Bordeaux.
Meubles.

1780. — Devezeaux (C.), marquis de Rancougne,
commune du Petit-Canal (Guadeloupe).
Sucres.

1123.—Devillebichot (veuve) et Comp., à Dijon.
Liqueurs.

807. — d'Holier et Cavayé, à Villefranche
(Haute-Garonne.)
Huiles, tourteaux, etc.

695. — Diaz (J.), à Valladolid (Espagne).
Liqueurs.

991. — Diétrich (J.), à Paris.
Pianos.

1012. — Dietz (C.), à Bordeaux.
Machine à vapeur.

1076. — Dieutegard et Anthiaume, à Paris.
Passementerie.

1876. — Digney frères et Comp., à Paris.
Appareils télégraphiques.

1930. — Diharce (J.), à Bordeaux.
Kaolin.

1274. — Dion (J.), à Paris.
Jupons.

1054. — Directeur du Pénitencier Saint-Jean, à
Bordeaux.
Egrappoir. — Serrurerie.

699. — Disdier (J.), à Marseille.
Pommade.

1595. — Dizac (F.), à Diamant (Martinique).
Cotons.

239. — Doer-Perruchot (veuve), à Avize (Marne).
Champagne.

1137. — Dollfus-Moussy et fils, à Lyon.
Châles, etc.

1220. — Domageau, Cailhava et Comp., à Bordeaux.
Produits en beton-ciment.

952. — Domerg (P.), à Bordeaux.
Volière.

555. — Donnadieu (A.), à Bordeaux.
Sabots.

1349. — Donnet (H.), à Pessac (Gironde).
Conserves de fraises.

762. — Donis (J.), à Bordeaux.
Chaussures.

829. — Doré et Comp., à Bordeaux.
Chaussures.

1853. — Doris (A.), Laroze et Comp., à Bordeaux.
Gommes.

1764. — Dormoy (P.-J.), à Bordeaux.
Boîtes à huiles pour vagons.

38. — Dornemann (G.-W.), à Lille.
Bleu et vert d'Outre-Mer.

360. — Douat et Griffon, à Bordeaux.
Pompes.

495. — Doublier (L.), à Lyon.
Liqueurs.

1052. — Douce et Comp., à Bordeaux.
Machines à fabriquer les sacs en papiers.

1693. — Doucet (L.), et Comp., à Bordeaux.
Chocolat, moutarde.

1099. — Douenne (veuve) et fils, à Lyon.
Cuivrerie.

1834. — Doumaux jeune, à Clermont-Ferrand.
Egouttoirs, etc.

946. — Doussin (E.), à Bordeaux.
Hotte-bruineuse.

361. — D'OUVRIER (T.), à Bordeaux.
Machines à concasser.

1426. — DOT (J.), au Mas-d'Agenais (Lot-et-Garonne).
Récipients à résine, etc.

1210. — DOYEN (A.), à Paris.
Colliers.

632. — DREYFUS et DAUMAS, à Sainte-Marie-aux-Mines (Haut-Rhin).
Tissus.

63. — DROMART (E.), à Bordeaux.
Appareils divers.

214. — DROUX (L.), à Paris.
Plans d'usine.

1822. — DROUYN (L.), à Bordeaux.
Plans.

1149. — DROZ (A.), à Bordeaux.
Liqueurs.

904. — DRUELLE (H.), à Niort.
Diamants extraits du charbon.

945. — DUBALLE (J.) et LAMBLIN, à Paris.
Appareils pour machines à vapeur.

1825. — DUBAN (J. P.) fils, à Bordeaux.
Laines lavées.

1193. — DUBARRY (R.), à Bordeaux.
Métaux fondus.

1351. — Dubé (madame), à Tulle.
Champignons et perdreaux truffés.

1173. — Dubédat (F.), à Gaus (Gironde).
Objets de drainage.

886. — Dubernat et Goubeau, à Bordeaux.
Bronzes pour éclairages.

1763. — Dubois et Dormoy, à Bordeaux.
Toitures.

116. — Dubois (E.) et Casse, à Paris.
Baromètres et manomètres.

770. — Dubois (J.), à Bordeaux.
Cuirs.

557. — Dubos (C.), à Bordeaux.

Cet exposant est l'auteur du plus grand moteur électrique qui ait été construit en France. Il est déposé aux Arts-et-Métiers de Paris. Il exposait, en 1859, deux modèles de machines qui lui valaient de la part du Jury une mention honorable, et, quelques mois plus tard, l'Académie impériale des sciences, belles-lettres et arts de Bordeaux, lui décernait une médaille d'argent à titre d'encouragement.

Infatigable dans ses recherches, il offre, à cette nouvelle Exposition, deux nouveaux modèles de moteurs électriques d'un grand intérêt, ainsi que des électro-médicaux d'une grande puissance sous un très-petit volume, très-commodes pour les médecins, et de plus, ses colliers et ceintures électro-galvaniques, servant à localiser l'électricité sur telle ou telle partie du corps, dans les cas où cela se trouve indiqué par la médecine.

1905. — DUBOSCQ (J.-M.), à Saubrigues (Landes).
Caisses à orangers.

1146. — DUBOURG (G.), à Bordeaux.
Objets en zinc.

1507. — DUBREUIL (A.), à Castillon (Gironde).
Une herse.

963. — DU BUISSON (C.), à Inchy-en-Artois (Pas-
de-Calais).
Blés divers.

1474. — DUBURCH (P.-J.), à Bordeaux.
Cheminée sculptée.

331. — DUCAFFI (C.), à Sancoins (Cher).
Dessins en cheveux.

1230. — DUCHAMPS (J.), à Coimères (Gironde).
Chou phénoménal.

1320 et 1321. — DUCHASSAING DE FONTBRESSIN, au
Moule (Guadeloupe).
Sucre, coton.

97. — DUCHESNE (C.), à Nantes.
Chocolaterie et confiserie.

1108. — DUCHON-DORIS (E.), à Bordeaux.
Enveloppes-bouteilles.

1433. — Duclos fils et Comp., à Escout-sur-Lot
(Lot-et-Garonne).
Farines.

1884. — Duclot (H.), à Bordeaux.
Vins.

1751. — Duclou et Larégénie, à Bordeaux.
Bloc de minerai d'antimoine.

1517. — Duclou (P.), à Bordeaux.
Liqueurs.

1241. — Ducom (J.-D.), à Montlezun (Gers).
Eaux-de-vie.

1647. — Ducommun (A.), à Avignon.
Montres.

787. — Duconquéré (A.), à Tilh (Landes).
Jambons.

288. — Ducosté (F.-F.), à Bordeaux.
Étoffes teintes.

1113. — Ducoup (J.-J.), à Constantine (Algérie).
Farines, semoules, etc.

842. — Ducros (madame) et Comp., à Paris.
Passementerie.

1301. — Dufossard (N.), à Poudessaux, canton
de Roquefort.
Produits résineux.

445. — Dufour (madame M.), à Bordeaux.
Corsets.

633. — DUFOUR frères, à Périgueux.
Voitures.

1481. — DUFOUR, à Rochefort,
Travaux en cheveux.

499. — DUFOUR (D.-J.), à Paris.
Pendules, candélabres, etc.

1312. — DUFOURC (P.), à Bordeaux.
Pommade.

610. — DUFRÈCHE (P.), à Bordeaux.
Insecticide-Moure.

1808. — DUFRAISSE DE CHASSAIGNE, à Maineroux
(Charente).
Vin.

642. — DUGARD frères, à Elbeuf.
Nouveautés.

456. — DUGDALE (A.), à Paris.
Régulateur.

433. — DULIGNON-DESGRANGES, à Bordeaux.
Poudre antisulfureuse.

257. — DUMARCHEY (J.-F.), à Paris.
Machine à casser la pierre.

754. — DUMAS et LAGRANGE, à Bordeaux.
Appareils de chemins de fer.

1202. — DUMAS (A.), à Bordeaux.
Passementerie.

316. — Dumas-Frémy (C.-L.), à Ivry (Seine).
Papier et toiles verrés, etc.

280. — Dumas (J.), à Bordeaux.
Cachemires.

1121.— Dumas (J.-L.), à Saint-Astier (Dordogne).

Tous les produits de la maison Baldou, tels que toiles vésicantes, vésicatoires de toutes grandeurs, découpés à la mécanique, sparadrap, poix de Bourgogne, mouches de Milan marque B., sur un et deux taffetas, sont d'une efficacité sûre et éprouvée depuis longtemps, et cotés à un prix moindre que toutes les préparations de ce genre connues jusqu'à ce jour. Dépôt à Paris et les principales villes de France et de l'étranger, dans les meilleures maisons de drogueries.

Dépôt à Bordeaux à la pharmacie centrale, rue du Cerf-Volant. S'adresser pour les renseignements à M. Flamisset, représentant, rue Maucoudinat, 9, à Bordeaux, ou bien directement par lettre affranchie, à M. J.-L. Dumas, pharmacien, successeur de M. Baldou, à Saint-Astier (Dordogne).

507. — Dumézil (P.), à Bordeaux.
Vins.

677. — Dumigron (P.), à Bordeaux.
Chaussures.

1974. — Dupérier (J.), à Dax.
Crochets pour couvertures.

1561. — Duplanté (J.-M.), à Bordeaux.
Meubles.

1304. — Dupleix (L. et R.), à Bordeaux.
Engrais.

304 et 305. — Dupont (P.-L.), à Cherbourg.
Moulins à café, — vernis.

1259. — Dupouy, à Coutras.
Huile de ricin.

1338.—Dupouy et Busquet, à Hagetman (Landes).
Toiles.

597. — Duprat (A.), à Bordeaux.
Salaisons.

1896. — Duprat (T.), à Bordeaux.
Poutres en fer.

190. — Duprat (V.), à Bordeaux.
Produits réfractaires et granits artificiels.

1553. — Dupré (A.), à Annonay.
Ouvrages en cheveux.

1882. — Dupré (J.-M.), à Paris.
Jeux de billes, placages, etc.

140. — Dupuch (G.), à Paris.
Fonte brute, robinets, pompes.

1898. — Dupuch (J.), à Camblanes (Gironde).
Vins.

1459. — Dupuy, à Arcachon.

Séve de pin.

857. — Dupuy et Comp., à Paris.

Chasubles.

1121. — Dupuy (E.), à Saint-Émilion (Gironde).

Macarons.

37. — Dupuy (J.), à Nantes.

Postiches.

1354. — Dupuy (J.-J.), a Sarges (Dordogne).

Vins.

916. — Dupuy (J.-M.), à Oran.

Cotons, lins.

497. — Durand (A.), 3, rue des Mimines, à Bordeaux.

Fabricant de billards, breveté s. g. d. g. — Articles généraux pour Cafés et Cercles.— Jeux de fantaisies.

Exportation, échange et réparation.

Récompensé aux Expositions de Bordeaux, Bayonne et Niort.

303. — Durand (E.), à Paris.

Machines.

1179. — Durand (H.), à Angoulême.

Lit.

1242. — Durantin-Boudet et père, à Bordeaux.

Verres à vitres.

1110. — Durenne (A.), à Paris.
Fontes.

1199. — Duret (J.-L.), à Bordeaux.
Huiles.

138. — Duroni et Murer, à Paris.
Instruments d'optique.

298. — Duros (madame J.), à Paris.
Chemises hygiéniques.

17. — Durst et fils, à Bordeaux.
Mobilier de chambre à coucher, genre Louis XV.

655. — Duru (L.), et Comp., 136, rue Sainte-Catherine, Bordeaux.

Fabrique d'instruments de pesage et de mesurage, ponts à bascule, romaines-bascules et oscillantes, balances, mesures diverses, coffres-forts, coffrets, presses à copier et à timbres secs, niveaux, plombs, etc.

M. L. Duru, ancien représentant de la maison L. Sagnier et Comp., a apporté dans les différentes branches de cette industrie des améliorations sérieuses.

La maison garantit la justesse et la précision de ses appareils.

136. — Dusacq et Comp., à Paris.
Estampes et photographies.

831. — Dussaq (F.) et Comp., à Coly (Dordogne).
Fers.

388. — Dussaux (C.-A.), à Gentilly (Seine).
Urinoir.

167. — Dutaut (P.) et fils, à Bordeaux.
Conserve analeptique.

47. — Dutoya (J.-C.), à Libourne.
Dolorofuge dentaire.

142. — Dutrou (E.), à Paris.
Instruments de météorologie.

697. — Dutruc (R.) et Grillat (M.), à Saint-Marcellin (Isère).
Liqueurs.

665. — Duval et Comp., à Paris.
Cachets.

194. — Duval (A.), à Paris.
Machines à percer, tarauder, etc.

204. — Duzan (J.), à Bordeaux.
Maroquins, basanes, etc.

1425. — Eschillet (H.), à Niort.
Cartes géographiques, gravures.

356. — Egrot (A.-E.), à Paris.
Appareils distillatoires.

808. — Elcké (F.), à Paris.
Pianos.

1703. — Éléva, à Montmorillon (Vienne).
Macarons.

684. — EMPRIN (G.), à Pantin.
Liqueurs.

496. — ENFER et ses fils, à Paris.
Soufflets, forges.

110. — ENGELMANN et GRAF, à Paris.
Vitraux en diaphanie.

251. — EON, à la Berthelière (Maine-et-Loire.
Céréales, houblon, etc.

1829. — ERARD (madame veuve), à Paris.
Pianos.

369. — ESPAGNET (E.), à Bordeaux.
Clouterie, forge.

406. — ESPRIT-ESCURSAN (E.), à Aix.
Photographie.

1183. — ESTIVANT frères, à Givet (Ardennes).
Tubes en laiton, etc.

1084.—ESTIVANT, GARNIER, LÉTRANGE, OESCHGER,
MESDACH, RÉVAILHAC et Comp., à Paris.
Ouvrages divers en cuivre rouge.

1214 et 1215. — ESTRANGIN DE ROBERTY (E.), à
Marseille.
Savons.

1921. — ÉTIENNE-CARNAVANT, à Cayenne (Guyane
Française).
Quartz aurifères.

1696. — Étournaud et Gaillard, à Cognac.
Eau-de-vie.

526. — Eude-Vieugué et Comp., à Paris.
Velours d'Utrecht, soieries

1938. — Eymery, à Pessac (Gironde).
Terre et briques réfractaires.

1771. — Eymery (A.), à Sainte-Foy.
Cotons.

1060. — Fabre (A.), à Bordeaux.
Essieux patents, etc.

96. — Fagalde (P.), à Cambo.
Chocolats.

1440. — Faget (B.), à Bordeaux.
Ornements de serrurerie.

1986. — Faget (E.), à Bordeaux.
Machine à fabriquer les bondes.

412. — Farcilli (J.) et Comp., à Bordeaux.
Baguettes, cadres, etc.

277. — Farge (E.-P.), à Bordeaux.
Voitures.

181. — Farjat (B.), à Rouen.
Tapis en drap, grilles en cuir.

1844. — Fau et Comp., à Bordeaux.
Liqueurs.

287. — Fau (J.), à Bordeaux.
Prunes d'ente conservées.

921. — Fauché, à Bordeaux.
Outils.

1910. — Fauché (E.), à Bordeaux.
Étiquettes.

571. — Fauché (J.), à Bordeaux.
Lettres en relief.

1258. — Fauché (P.-L.), à Casseneuil (Lot-et-
Garonne).
Couvertures de lit en laine cardée, carderie et fila-
tures mécanique de laine, en tous genres. — Fabrique importante de draps surnommés cadis. — Confection spéciale de couvertures de lit, en ouate, laine
cardée. Médaille à Agen, 1863.

1300. — Faucher (E.), à Clermont-Ferrand.
Pâtes alimentaires.

619. — Fauchier-Dol, à Salernes (Var).
Les malons exagones pour fours à savons, exposés
par cette maison, se recommandent aux usines d'une
manière toute particulière. Une Médaille d'or à l'Exposition de Draguignan, 1864, donne une juste idée
de leur valeur.

78. — Fauconnier (F.-L.), à Paris.
Moulin à ramasseur.

1329. — Faugère-Craton, à Bordeaux.
Fil de fer galvanisé.

753. — FAURE (L.), à Clermont-Ferrand.
Pompes, machines agricoles.

1376. — FAURE (M.), à Mascara (Algérie).
Vins.

1965. — FAVIER, à Paris.
Meubles sculptés.

1784. — FAVEREAU (P.-E.), à Saint-François (Guadeloupe).
Coton.

1250. — FAYAUT (J.), à Bordeaux.
Teintures.

165. — FÉLIX (J.), et Comp., à Golbey (Vosges).
Tuiles, briques, tuyaux.

464. — FENAILLE-CHATILLON, à Bordeaux.
Huiles, graines, etc.

1776. — FERBOS (J.), à Bordeaux.
Glaces, cadres.

185. — FERGUSON fils, à Paris.
Dentelles.

345. — FERGUSON et GOODWIN, à Paris.
Sacs sans coutures.

1809. — FERRAND (B.), à Bordeaux.
Cribles.

1105. — FERRAND (F.), à Saint-Junien (Haute-
Vienne).
Gants.

166. — FERRÈRE oncle et neveu, à Bordeaux.
Chaussures.

1869. — FERRY (A.), et Comp., à Saint-Dié-des-
Vosges.
Fécules.

23. — FICHET (B.), à Paris.
Coffres-forts et serrures.

1395. — FILS (J'.-J.), à Paris.
Tabletterie en écailles.

1878. — FISSE (J.) et O. SIEUZAC, à Bordeaux.
Eau sulfureuse de Cadéac.

1027. — FLAMAND-SÉZILLE (D.-A.), à Noyon
(Oise).
Pois cassés décortiqués.

219. — FLAMENT (H.), et Comp., à Paris.
Scieries diverses.

840. — FLAMM (P.) et Comp., à Phlin (Meurthe).
Aiguilles à coudre.

1727. — FLEURIOT sœurs et BALLIAS, à Bordeaux.
Ornements d'église.

624. — FLEURY (A.), à Hennaya (Algérie).
Cotons, huiles d'olive.

643. — FLEURY-DESMARES (A.), à Elbeuf.
Draps et paletots.

541. — FLEURY (E.), à Bordeaux.
Bassine à dragées.

648. — FLEURIOT (P.), à Elbeuf.
Nouveautés.

1001. — FLEURY (P.-E.-J.), à Rochefort.
Système de sûreté pour fusils de chasse.

478. — FLIPO-FLIPO, à Tourcoing (Nord).
Étoffes diverses.

1334 et 1765. — FLOIRE (L.-A.), à Bordeaux.
Disque automatique. — Photographies.

1445. — FOISSAC (madame), à Bordeaux.
Chapeaux de dames.

1606. — FONCLAIR-LAPEYRE, à Saint-Pierre (Martinique).
Tabacs.

148. — FONTAINE (A.), à Paris.
Produits chimiques.

910. — FONTÉS (E.), à Toulouse.
Céruse.

1912. — FORGUES jeune, à Bordeaux.
Balais.

1020. — FORSANT (V.), au Garraud (Charente-Inférieure).
Massepains et macarons.

856. — FORT (F.), à Paris.
Tableau de timbrages.

585. — FORT (G.), à Toulouse.
Cotons filés, etc.

1059. — Fosses (A.), à Mont-de-Marsan.
Procédés contre l'oïdium.

987. — Fosses (I.), à Mont-de-Marsan (Landes).
Chaises, fauteuils, etc.

1610 et 1611. — Fossey (de Mathieu), à Bellevue
(Martinique).
Vin d'orange, tapioca.

628. — Fossey y Comp., à Lasarte (Espagne).
Machines.

70. — Fougeray (P.), à Paris.
Machines à coudre.

1501. — Fouqueau-Desbrosses, à Orléans.
Billard.

1350. — Four (V.) et Comp., à Marseille.
Allumettes.

1855. — Fouraignon (madame H.), à Miradoux
(Gers)
Jupon laine.

1491. — Fourcade et Lefort (J.), à Paris.
Parapluies, ombrelles.

795. — Fourché (J.-E.) frères, à Bordeaux.
Liqueurs.

26. — Fourdrin (V.), à Dieppe.
Statues en terre cuite.

1568. — Fourié, à Bordeaux.
Photographies.

1410. — FOURMAINTREAU-COURQUIN (F.), à Desvres
(Pas-de-Calais).

Carreau en faïence.

1268. — FOURNEAUX (J.-L.-N.), à Paris.
Harmoniums.

1163. — FOURNET et DUCHESNE, à Lisieux.
Draperie.

989. — FOURNET (J.-L.), à Lisieux.
Toiles.

673. — FOURNIER (F.), à Marseille.
Bougies, oléïne, etc.

410. — FOURNIER (J.), à Bordeaux.
Ébénisterie et tapisserie.

1062. — FOURNIER (T.), à Libourne.
Un lit.

1628. — FOURTON (A.), à Bordeaux.
Charbon.

1911. — FOUSSIER (J.), à Limoges.
Appareils inodores.

1518. — FRAGNEAU (A.-F.), à Bordeaux.
Machines diverses.

1181. — FRAIGNEAU (madame), à Laubarède-St-
Aubin-d'Eymet (Dordogne).

Fil de lin.

796. — FRAISSE (C.), à Bordeaux.
Une caisse de voiture.

1654. — Fraissinet (E.) et Comp., à Paris.
Porte-bouteilles.

1166. — Franc (L.), à Carcassonne.
Mesures de capacité.

1453. — Franceschi (P.-P.) à Bordeaux.
Champignons artificiels.

134. — Franck de Villecholle, à Paris.
Photographies.

1799. — François (E.-S.), à Paris.
Appareils à eau de seltz.

1400. — Fréeman (L.), à Clichy-la-Garenne.
Bois sculptés.

494. — Fremier (H.), à Marseille.
Cuirs.

233. — Frémont (A.), à Paris.
Essieux, ressorts, etc.

735. — Frémont (F.) et Richard père et gendre,
aux Ports-de-Cé.
Bourrellerie et malletage.

658. — Frémy (L.), à Roubaix.
Papiers peints.

524. — Fretté (A.), à Tonneins.
Bière.

349. — Friéderich (A.), à Fontenay-le-Comte.
Machine pour fabriquer les bondes.

1735. — FROUIN (H.), à Bordeaux.
Cheminée en marbre.

111. — FROUVIÈRE jeune, à Paris.
Coffres-forts.

1309. — FRUNEAU (E.), à Nantes.
Papier nitro-vireux.

577. — FUMEY (J.-E.), à Foncine-le-Haut (Jura).
Horlogerie.

814. — FUSELLIER (J.), à Montreuil-Bellay (Maine-et-Loire).
Machines agricoles.

1374. — GABAY (J.), à Mascara (Algérie).
Vins.

1257. — GACHET (J.-P.), à Bordeaux.
Menuiserie.

160. — GAILLARD jeune et Comp., à Mourette (Seine-et-Marne).
Meules de moulin.

883. — GAILLARD (E.), à Bordeaux.
Charbon. — Fourneau.

198. — GAILLARD et PAGÈS, à Bordeaux.
Tissus divers. — Nattes et paillassons.

749. — GALLAIS (C.-A.), à Paris.
Meubles, chaises.

16. — GALLAND (F.), à Ruffec.
Froments divers.

1155. — GALLAND (P.-A.), à Bordeaux.
Sculpture sur boîtes.

455. — GALLET-LEFEBRE et Comp., à Paris.
Engrais.

1050. — GALIBER (P.), à Mazamet (Tarn).
Flanelles.

703. — GALLIBERT et Comp., à Paris.
Mannequin d'homme.

1810. — GALICE (G.), à Rennes.
Presse à levier.

726. — GALLICHER (L.), à Nevers.
Ciment, dalles, etc.

1985. — GALLIÉ (A.), à la Charité-sur-Loire
(Nièvre).
Grosse clouterie.

608. — GALLIFET (J.) et Comp., à Lyon.
Liqueurs.

431. — GALLIMARD (F.), à Paris.
Boutons de porte.

1498. — GAMAUD (C.), à Niort.
Formes.

880. — GANDILLOT (madame), à Paris.
Guipures d'art.

879. — GANDILLOT et Comp., à Paris.
Tubes et raccords en fer.

1047. — GANDY jeune, à Bagnères-de-Bigorre.
Marbrerie.

1562. — GANIDEL (E.), à Pézenas.
Instrument pour le soufrage des vins.

513. — GANNAT (L.), à Villeneuve-sur-Lot).
Saucissons.

739. — GANNERON (E.), à Paris.
Instruments aratoires.

332. — GANSER (L.-G.), à Paris.
Meubles et chaises.

1234. — GARDÈRE et Comp., à Bordeaux.
Machine à scier.

645. — GABRIEL-CHENNEVIÈRE, à Elbeuf.
Nouveautés.

1924. — GARNIER (J.-C.), à Paris.
Contrôleur automatique.

1920. — GASSIES (A.), à Loupiac-de-Cadillac.
Sabots.

1066. — GASSIES (J.-B.), à Bordeaux.
Objets en nacre.

1699. — GASSIOT, veuve OLIVIER, à Bordeaux.
Biscuits de mer.

1437. — GASNIER (A.), à Nantes.
Formes.

1533. — GASTÉ (L.), à Paris.
Épreuves lithographiques.

1350. — GATTIER (G.), à Bordeaux.
Costumes de bains.

1850. — GAUBERT (B.), à Bordeaux.
Un billard.

139. — GAUDIN (C.), à Paris.
Photographies.

1112. — GAURIER aîné et LEMOINE (île d'Oléron).
Conserves.

664. — GAUTHIER et Comp., à Paris.
Machines à coudre.

928. — GAUTIER (veuve) et BLANC, à Bordeaux.
Malles, étuis, etc.

390. — GAUTROT (P.-L.), à Paris.
Instruments en cuivre et en bois.

1782. — GAY (L.), à St-Louis (Marie-Galante).
Cotons.

1295. — GAYRIN (J.), à Bordeaux.
Tamis, cribles.

979. — GAZAGNE, à Bordeaux.
Béquille de sûreté avec pétards, etc.

461. — GEHRLING (C.), à Paris.
Mécaniques pour pianos.

1772. — GELIN (A.), à Bègles.
Bouchage.

225. — GENT (J.), à Marseille.
Produits céramiques.

1180. — GENDRON (P.), à Couëron (Loire-Infé-
rieure).
Biscuits de mer.

1456. — GENET (F.-A.), à Bordeaux.
Flûtes en argent.

510. — GEORGET (A.), à Chatelguyon (Puy-de-
Dôme).
Pétrification, etc.

1564. — GÉRARD et G. LAFAGE, à Bordeaux.
Escourtins, étreindelles.

1034. — GÉRARD (L.), à Paris.
Bibloraptes.

1000. — GERFAUX (F.), à Paris.
Sujets plastiques.

1490. — GERMAIN et FURT, à Bordeaux.
Appareil inodore.

1870. — GERMAIX (V.), à Philippeville (Algérie).
Briques.

1598. — GÉRODIAS, à Anse-d'Arlets (Martinique).
Café.

1434. — GERTOUX (J.), à Bagnères-de-Bigorre.
Balcons, carreaux, etc.

1640. — GÉRUZET (L.), à Bagnères-de-Bigorre.
Marbrerie.

1701. — GESTA (V.), à Toulouse.
Vitraux peints.

19. — GIBEAUD (V.), à Mortagne (Gironde).
Eau-de-vie de Cognac.

682. — GIGODOT, LAPREVÔTÉ et NALLET, à Saint-
Fous (Rhône).
Phosphates, colles, etc.

117. — GILLES frères, à Paris.
Chambres noires, pieds d'ateliers.

1342. — GILLET (Ch.), à Barbezieux.
Machine pour niveler.

56 et 57. — GINDRE (J.), à Itsatsou, près Bayonne.
Matières à porcelaine.

579. — GIOLITO et Comp., à Bordeaux.
Glaces.

1600. — GIORSALLO (J.-G.), à St-Pierre (Martinique).
Rocou, indigo.

789. — GIRAL (madame), à Bordeaux.
Malles, sacs de nuit.

370. — GIRARD frères, à Annecy (Haute-Savoie).
Lunettes.

827. — GIRARD et Comp., à Paris.
Armes.

1671. — GIRARD (C.), à Bordeaux.
Cuirs.

1641. — Girard (C.) et Comp., à Paris.
Armes.

563. — Girard (Ch.), à Nogent.
Coutellerie.

1685. — Girard (J.), à Saint-Sulpice-de-Pomiers
(Gironde).

Araires.

1468. — Girardeau (J.), à Cahors.
Photographies.

420. — Giraudeau et Comp., à Bordeaux.
Chapeaux de paille.

1431. — Giroust (G.), à Bordeaux.
Carrelages, stucs.

1599. — Gloumeau, à Fort-St-Pierre (Martinique).
Tabac.

611. — Goby (F.), à Berbessa (Algérie).
Produits agricoles.

492. — Godbarge (F.), à Bordeaux.

Modèles divers.

799. — Godchau (A.) et Comp., à Paris.
Cartons, cahiers d'écriture.

— Godet (A.), à Podensac.
Système de double vergue.

668. — Goetz (G.), à Lodi (Algérie).
Laine-gaz vernie.

4

1738. — Gogois (T.), à Tonnerre.
Éviers et carreaux.

713. — Gombault (H.), à Paris.
Amidon, fécules, chicorée.

1114. — Gommard (J.-B.), à Toulouse.
Liquide contre l'oïdium.

733. — Gontier (L.), à Bordeaux.
Caisse de pendule, candélabres.

282. — Goodwin (Ch.), à Paris.
Machines à coudre.

1154. — Goudichaud (veuve), à St-Émilion.
Macarons.

1796. — Goudouin (E.), à Paris.
Machines.

1847. — Gouezel, à Belle-Isle (Morbihan).
Dessins divers.

1838. — Gouguet (G.), à Angoulême.
Publications agricoles.

570. — Gouillaud (H.), à Bordeaux.
Gravures.

341. — Gounouilhou (E.-G.), à Bordeaux.
Livres divers.

131. — Gourdel (P.), à Paris.
Statuettes.

1056. — Gourguechou frères, à Paris.
Parquets.

107. — GOUVRION (A.), à Paris.
Faïences d'art.

315. — GRACIAN-GARROS fils, à Paris.
Plomb argentifère, cuivre, zinc, etc.

1891. — GRADIS, à Bordeaux.
Tafias.

106. — GRAND (B.), à Paris.
Teintures diverses.

1494 et 1495. — GRANDET (H.), à Bordeaux.
Lits en fer, coffres-forts.

1597. — GRANDMAISON, à St-Pierre (Martinique).
Liqueurs.

1676. — GRASSET (L.), à Villenave-d'Ornon (Gironde).
Huiles.

1852. — GRASSIER (A.), à Médis (Charente-Inférieure).
Vins.

1741. — GRAVIER (H.), à Bordeaux.
Bouchage.

264 et 265. — J. GRÉ et NUYENS, à Bordeaux.
Produits chimiques

1548. — GRÉBUR (J.-N.), à Bordeaux.
Dessins en cheveux.

872. — GREFFIER (F.-J.), à Paris.
Appareils distillatoires.

1766. — Grémailly (J.), à Bordeaux.
Pâté de foie de canard.

1136. — Grenié (J.) et Ladevèze, à Bordeaux.
Fusils.

1792. — Grenier et Comp., à Paris.
Chocolats.

1388. — Greslé (H.), à Paris.
Lampes.

1292. — Gretillat (H.), à Bordeaux.
Horlogerie.

745. — Grillat (A) et Marius, à Lafrette (Isère).
Liqueurs.

268. — Grininger (A.), à Bordeaux.
Outillage de tonnelier.

171. — Gritzner (M.-C.) et Comp., à Paris.
Machines à coudre.

786. — Gros (G.), à Coutiat (Charente-Inférièure).
Récipients pour la récolte de la gemme.

454. — Groulez (L.), à Paris.
Locomobiles.

1003. — Groult (C.), à Paris.
Pâtes, semoules, etc.

1733. — Grugé (M.), à Bègles.
Moulin à bras.

151. — Grumél (F.-R.), à Paris.
Albums.

1267. — Gsell-Laurent, à Paris.
Vitrail d'église.

1313. — Guédon (D.), à Bordeaux.
Faux marbre, faux bois.

1287. — Guénault, Foulon et Coquerel, à Tours.
Vins.

317. — Guéride (H.), à Paris.
Instruments de chirurgie.

828. — Guérin, à Nantes.
Chocolats.

710. — Guérin (P.), à Grenoble.
Gants.

982. — Guérineau (A.), à Migué (Vienne).
Laines filées.

71. — Guérinot (P.-H.), à Paris.
Passementerie.

822. — Guerre (C.), à Langres.
Coutellerie.

1542. — Guesde (P.-M.), à la Pointe-à-Pitre
(Guadeloupe).
Liqueurs.

1292. — Guettier (A.), à Paris.
Machines. — Mesures, etc.

105. — Gueuvin (P.-A.), à Paris.

Photographies.

1340. — Guibbert frères, rue d'Albret, 20, 22, 24, Bordeaux.

Laines peignées, filées et teintes; coton filés. — La maison Guibbert frères possède aujourd'hui une filature d'une grande importance relative, c'est-à-dire qu'à Bordeaux, aucun établissement de ce genre n'a encore compté un nombre de broches en activité égal au sien. Cette maison mérite, à d'autres titres, d'arrêter nos regard. Elle maintient, à l'extérieur surtout, la réputation des laines dites de Bordeaux, et son développement, qui va tous les jours croissant, lui permet, sans avoir pour cela la prétention de créer une concurrence inutile et peu productive, de livrer les articles provenant de sa fabrication à des prix que les manufactures du Nord ne désavouent pas.

734. — Guichené (l'abbé), à Mont-de-Marsan.

Symphonista.

603. — Guignan (P.), à Bordeaux.

Horloges.

1058. — Guignon (H.), à Bordeaux.

Coupe-papier.

830. — Guillem (B.), à Macau.

Animaux prél arés.

1133. — Guillemin et Launet, à Dôle-du-Jura.

Balais, brosserie.

1397. — GUILLEMOT (C.), à Paris.
Timbres humides.

1331. — GUILLOT (D.), et Comp., à Bordeaux.
Liqueurs.

544. — GUIOLLET et QUENNESSON, à Fort-de-France (Martinique.
Sucre.

1643. — GUIONET (L.), à Niort.
Peintures.

50. — GUIRAUD (A.), à Trèbes (Aude).
Carreaux en terre cuite.

1164. — GUIRAUD (D.), à Cenne-Monestiers (Tarn).
Draperie.

1601. — GUITTEAUD (A.), à la Rivière-Pilote (Martinique).
Café.

1156. — GUITTON (C.), à Bordeaux.
Fourches.

863. — GUTIERREZ (S.), à Burgos (Espagne).
Chocolats.

1958. — GUY et MERLE, à Avèze (Gard).
Pierres.

1235. — GUYONNET (A.), à Bordeaux.
Fleurs artificielles.

218. — GUZ (Z.-J.) et Comp., à Bordeaux.
Clôtures.

997. — HAARHAUS (R.), à Paris.
Ornementations plastiques.

76. — HACHETTE (L.) et Comp., à Paris.
Librairie.

1954. — HAMM, à Paris.
Pipes.

1142. — HARDY aîné et C. DURUFLÉ, à Elbeuf.
Draperie.

751. — HARISPE (P.), à Cambo.
Chocolats.

347 et 1935. — HARTAUX (S.) et TROUILLET, à Angers.
Chaudronnerie et robinetterie.

253. — HAUTRIVE (P.) et Comp., à Paris.
Feutres divers.

1807. — HAYS, à Jarnac.
Machine à fouler la vendange.

267. — HÉMERY (L.-J.-J.), à Paris.
Bronzes divers.

1667. — HÉNAUT (E.), à Bordeaux.
Plan de navire.

1584. — HENK père et fils, à Paris.
Essieux patents.

1680. — HENRY (L.), à Angers.
Poutre en fer.

918, 923 et 924. — Héraud (P.), à Bordeaux.
Cuve, pressoir, presses, etc.

1672. — Hermagis (H.), à Paris.
Appareils photographiques.

1963. — Hermenk et Bribes, à Bordeaux.
Huile de foies de morue.

620. — Herreyres (M.), à Bordeaux.
Registre, copies de lettres.

1959. — Herrouet (M.), à Philippeville.
Bittermouth.

875. — Hervé (J.), à Bouillac.
Fouloirs.

215. — Herz (H.), à Paris.
Pianos.

1864. — Hidien (J.-B.), à Châteauroux.
Machines agricoles.

1391. — Hirbec (P.-L.), à Paris.
Toiles métalliques.

1442. — Hiriart (madame veuve), à Bayonne.
Cuirs.

1929. — Hogg (T.-P.), à Paris.
Huile de foies de morue.

1962. — Hosteins (madame), à Bordeaux.
Coton d'Algérie.

791. — Hostein (F.), à Saint-Estèphe.
Charrues.

1276. — Hougron et Comp., à Paris.
Papiers à cigarette.

1524. — Houry (J.). à Paris.
Fontaines en porcelaine.

1383. — Huard (J.), et Comp., à Paris.
Chaudronnerie.

226. — Hubert (veuve), à Châteaudun.
Couvertures de laine.

1161. — Hubert (G.-L.), à Bordeaux.
Pommade.

124. — Hugédé (L.), à Paris.
Tableaux d'enseignes et de décorations.

1917. — Hugla (J.), à Bordeaux.
Crochets pour couvertures.

1997. — Hugron, à Bordeaux.
Outils.

530. — Hugueville (B.-A.), à Paris.
Forges, découpoirs, etc.

1322. — Humbert, au Moule (Guadeloupe).
Sucres.

940. — Huot (F.), et Comp., à Marseille.
Vermouth.

1602. — Hurard (V.), à St-Pierre (Martinique).
Ananas.

482. — AURET, LAGACHE et Comp., à Condettes
    (Pas-de-Calais).
Toiles à voile.

1335. — HURET (L.), à Boulogne-sur-Mer.
Chaussures.

216. — HUSSON-HEMMERLÉ, à Paris.
Broderies.

103. — HUSSON (C.-A.), à Paris.
Glaces, étamage.

1408. — HUTREL (J.-L.), à Bordeaux.
Vitraux peints.

1558. — IMBAUD aîné et Comp., à Valréas (Vau-
    cluse).
Séchoirs.

606. — IMBAULT (P.), à Paris.
Parchemins, etc.

1895. — IMBERT (E.) et Comp., à Saint-Chamont
    (Loire).
Chaudière à vapeur.

1571. — ITIER (madame), à Sainte-Foy.
Prunes.

470. — IZAMBERT (B.-V.), boulevard Mazas, 91, à
    Paris,
Construction de serres ; jardins d'hiver ; marquises ;
combles en fer ; châssis de couche et à tabatière.
    Système spécial empêchant la buée de se former
dans les serres.

436. — Jabouin (B.), à Bordeaux.
Autels, cheminées, etc.

721. — Jackson et Comp., à St-Seurin (Gironde).
Divers objets en acier.

1296. — Jacquand père et fils, à Lyon.
Cirages, vernis, encres.

1625. — Jacquelin (A.) fils, à Niort.
Peinture de décors.

1447. — Jacquin (J.-J.), rue Margaux, 3, à Bordeaux.
Maison Jacquin, rue Margaux, 3, Bordeaux. —Ateliers de dorure et d'étamage de glaces. — Encadrement de gravures. — Glaces antiques et modernes. — Miroiterie de luxe et de fantaisie. — Vitraux d'église et d'appartement. — Cette maison se recommande par le choix de ses articles et la modicité de ses prix.

1906. — Jacquot (U. la sœur), à Bône (Algérie.
Produits coloniaux.

202. — Jaffary et L. Lepreux, à Bordeaux.
Plaques hydrofuges.

161. — Jaille (A.), à Agen.
Engrais.

1761. — Jamet (P.), à Bordeaux.
Lustre.

1158. — Jandin et Duval, à Lyon.
Foulards.

1278. — Jandin (P.), 17, cours d'Albret, Bordeaux.

Fabrique de biscuits, par procédé mécanique, breveté s. g. d. g. Spécialité de dessert pour l'exportation.

189. — Jaquemet (C.), à Bordeaux.
Laines, tapis.

509. — Jarlaud (C.), à Lyon.
Table.

1603. — Jarno (J.-P.-M.), à Basse-Pointe (Martinique).
Cacao.

1467. — Jaubert (L.), à Marseille.
Timbres humides.

1200. — Jauze, à Bordeaux.
Machine à hacher le suif.

128. — Jean (A.), à Paris.
Faïences artistiques.

549. — Jean (L.), à Paris.
Verres peints et gravés.

1197. — Jobbé-Duval (madame), à Rennes.
Broderies.

728. — Jolion-Bourasset, Berthoud et Comp., à Châlons-sur-Saône.
Carreaux de dallage.

1675. — Jônain (P.), à Royan.
Carte philosophique.

1489. — Jones, à Bordeaux.
Verres peints.

548. — Jouannin (J.) et Comp., à Paris.
Filets.

371. — Jouet (M.-G.), à Bordeaux.
Instruments de chirurgie.

72. — Jouffre, à Bordeaux.
Ébénisterie.

536. — Joulié (A.), à Bordeaux.
Billard.

900. — Jourdain (M.-L.), à Oulins (Eure-et-
Loire).
Cuirs.

442. — Jourde (A.) et Nouvialle (J.), à Bordeaux.
Liqueurs, conserves.

423. — Journaux-Leblond, à Paris.
Machines à coudre.

531. — Jubert (A.) frères, à Charleville (Ardennes.)
Boulons. — Articles de carrosserie.

308. — Julian fils et Roques, à Forgues-sur-
l'Ouvèze (Vaucluse).
Garance.

1366. — Juliot (G.), à Tours.
Lithographie.

1129 et 1130. — Jundt (C.), à la Robertson (Bas-Rhin).
Gélatines.

1731. — Junius (G.-L.-D.), à Bordeaux.
Nouveau lit de campagne.

1265. — Kelsen (P.-E.), à Paris.
Orgues.

1449. — Kielwasser, à Bordeaux.
Pièces de dentition.

327. — Klotz (J.), à Paris.
Porcelaines décorées.

112. — Koch, à Paris.
Ébénisterie pour la photographie.

234. — Koch (J.-B.), à Bordeaux.
Peignes.

1694. — Koechlin (F.) et Drouet, à Mulhouse.
Cotons divers.

475. — Kriegelstein père et fils, à Paris.
Pianos.

1663. — Krug (C.), à Bagnères-de-Bigorre.
Plaques d'ardoise.

1128. — Labayle (G.), à Duhort-Bachen (Landes).
Produits agricoles.

1277. — LALLÉ (M.), à Paris.
Manége.

947. — LABESSE et ADAM jeune, à Bordeaux.
Blés en paille.

1043. — LABIT-EMAR, à Toulouse.
Engrais.

1238. — LABORDE-BOIS (M.-P.), à Arudy (Basses-
Pyrénées).
Peaux diverses.

1439. — LABORDE (N.), à Arc-les-Gray (Haute-
Saône).
Tarare.

1330. — LABORDE (P.), à Bordeaux.
Robinetterie.

1624. — LABORIE et DESBATS, à Gradignan.
Poteries.

888. — LABORIE et GAYET, à Saint-Cyprien-sur-
Dordogne.
Tête d'aqueduc, ciment.

1082. — LABURTHE (C.), à (Mont-de-Marsan).
Système de soutirage.

1480. — LACAPE (J.), à Paris.
Pianos.

1315. — LACAUX frères, à Limoges.
Liqueurs.

663. — LACAZE (H.), à Bordeaux.
Vinaigres.

405. —LACAZE (V.), à Bordeaux.
Histoire de Bordeaux.

1218. — LACHAISE (G.), à Bordeaux.
Poteries.

659. — LACHARDER-BESSON, à Lyon.
Châles.

274. — LACOMBE (T.), à Bordeaux.
Dessins sur étoffes.

1769. — LACOSTE (E.) et SIGALAS, à Agen.
Voitures.

1504. — LACOSTE (H.), à Bordeaux.
Vins.

906. — LACOSTE (J.-J.), à Bordeaux.
Voitures.

1093. — LACOUR (G.), à la Rochelle.
Pompes.

60. — LACOUTURE (J.-B.), à Bordeaux
Pianos.

1794. — LACROIX (A.), à Paris.
Porcelaines décorées.

32. — LACROIX (A.-L.), à Angoulême.
Papiers à cigarettes.

1343. — LACROIX (P.), à Paris.
Semelles.

1712. — LA DEVÈZE DE CHARRIN, à Moncrabeau
(Lot-et-Garonne.
Vins.

1217. — LAFAYE (G.) et Comp., à Bordeaux.
Cordages.

363. — LAFFITTE (P.) jeune et Comp., Bordeau:.
Appareil fumivore.

82. — LAFITE-DUPONT, à Bordeaux.
Chemises, gilets de flanelle.

572. — LAFITTE (E.), à Coutras (Gironde).
Vinaigre.

919. — LAFITTE (P.-J.), à Cercoux (Charente-
Inférieure).
Eau-de-vie.

1286. — LAFOLLYE (C.-J. DE), à Tours.
Impressions.

476. — LAFON et DUPONT, à Paris.
Dessins sur étoffes.

1845. — LAFONT, DUFOUR (M.), à Bordeaux.
Liqueurs.

508. — LAFONT et GAY, à Vienne (Isère).
Draperie,

1797. — LAFONT (F.), à Paris.
Extraits pour liqueurs.

760. — LAGANE (P.-A.-A.), à Bordeaux.
Appareils uranographiques.

844. — LAGARDÈRE, J. DE·LÉPINAY et Comp., à
Niort.
Huile.

1168. — LAGARDÈRE (H.), à Arcachon.
Croisée.

443. — LAGASSE (E.), à Bordeaux.
Sirops de séve de pin, etc.

1086. — LAGLAYE (F.), à Bordeaux.
Étagères, corbeilles, etc.

1585. — LAGUNA (C. DON), à Santa-Cruz-de-Mu-
dela (Espagne).
Vins.

1915. — LAHOUTAU, à Bordeaux.
Corvette.

1407. — LAIGNIER-VILLAIN et ODELIN, à Reims.
Cuirs.

573. — LAJARRIGE et Comp., à Apt (Vaucluse).
Soufres.

1802. — LALIMAN (L.), à Floirac.
Vins.

862. — LALLEMANT (Ch.), à Alger.
Médicaments.

39, 40 et 45. — LAMARQUE, à Mont-de-Marsan.
Instruments d'arboriculture. — Compteurs.

539. — LAMBERT frères, à Mainxe (Charente).
Eaux-de-vie.

1068. — LAMBERT (J.), à Tabanac (Gironde).
Vins.

350. — LAMBEY (A.) et Comp., à Argut-Dessous
(Haute-Garonne).
Minerais de plomb argentifère. — Zinc et manganèse.

440. — LAMOTHE (veuve CLARINI), à Mirambeau
(Charente-Inférieure).
Alcool

1503. — LAMOTHE (DE), à Périgueux.
Publications agricoles.

1497. — LAMOTHE (J.), à Bordeaux.
Meubles.

1608. — LANDA (J.-E.), au François (Martinique).
Bouts à fumer

1035. — LANEFRANQUE (DE) veuve et fils, à Bordeaux.
Imprimés.

1747. — LANET père et fils, à Cette.
Foudre.

301. — LANGHENDRIES-PAREZ, à St-Saulve (Nord).
Chicorée, glands doux.

1560. — LANGLAIS (J.), à Bordeaux.
Harnais, colliers.

115. — LANGLOIS (E.), à Paris.
Appareils photographiques.

1549. — LANOELLE (J), à Bordeaux.
Niche sépulcrale.

1578.— LAPORTE DE BELLEVILLE (DE), à Bordeaux.
Guide annuaire.

156. — LAPORTE (veuve), à Limoges.
Draps 5/4 pour hommes.

1759. — LAPORTE (B.), à Bordeaux.
Encadrements.

434. — LAPORTE (J.), à Bordeaux.
Sommiers.

1352. — LAPORTE (P.), à Lesparre.
Égrappoir-fouloir.

1233. — LAPOUZE (A.), à Bordeaux.
Biscuits divers.

1469. — LAPRADE et fils, à Bordeaux.
Liqueurs.

1607. — LARENITY (Baron DE), à Lamautin (Martinique).
Sucres.

1804. — LARGETEAU et O. LUSSAC, à Eymar
(Gironde).
Vins.

738. — LARMANOU (J.), à Pau.
Plans de jardins.

674. — Larnaudès et Lacour, à la Lenotte (Dordogne).
Papiers.

1867. — Larroche et Comp., à Agen.
Allumettes.

779. — Larue (O.) et Comp., à Chalais.
Laine renaissance.

1715. — Lassabatie (G.), à Pellegrue (Gironde).
Syphon.

785. — Lassale (L.), à Bordeaux.
Boîtes à prunes.

1299. — Latapie (B.), à Plaisance-du-Gers.
Table.

81. — Laterrière (J. de) et Comp., à Paris.
Lit élastique, système Tucker.

14. — Latouche (B.), à Bordeaux.
Livres reliés.

1223. — Latreille-Ladoux (H.), à Périgueux.
Chaux hydraulique.

319. — Latry (A.), à Paris.
Objets artistiques.

395. — Laubereau et Collet, à Paris.
Moteur à air.

1939. — Labis frères, à Nantes.
Cabinets d'horloges.

528. — Laumonnier (R.) et Gaudin (P.), à Bordeaux.

Caisses et portières de landau.

394 — Laurand (J.-F.), à Bordeaux.

Chemises.

701. — Laurendeau-Bouchard, à Poitiers.

Vinaigres.

1629. — Laurendeau (J.), à Bordeaux.

Horlogerie,

1826. — Lavergne (de), à Bordeaux.

Soufflets à soufrer la vigne.

933. — Lavergne (L.), à Combes.

Machine aide-moteur.

1705. — Lavie (P.) et Comp., à Constantine.

Semoule, farine, blé, etc.

966. — Laville (G.) aîné, Laville frères, à Talence.

Charrues.

1044. — Lavocat (L.), à Bordeaux.

Chaussures.

1684. — La Wormatia, à Worms-sur-Rhin.

Cuirs vernis (sans concours).

1737. — Lazan (la marquise de), à Cuzcurritta (Espagne).

Huile, vins.

839. — LEBAIGNE (E.), à Paris.
Produits chimiques.

353. — LE BAILLY, à Bordeaux.
Eau de toilette.

1355. — LE BRETON (L.-L.), à Paris.
Dessins de parcs.

736. — LE BRETON (N.-A.), à Cette.
Photographies.

1037. — LE BRUN-VIRLOY, à Paris.
Fontes.

1690. — LECACHEUX, à Paris.
Machines.

1356. — LECLÈRE (L.), à Rouen.
Semoir.

1359. — LECLERC et PELLEVOISIN, à Niort.
Huiles.

396. — LE COISPELLIER (J.-M.), à Bordeaux.
Solfége.

511. — LECONTE (A.), à Issoudun (Indre).
Produits pharmaceutiques.

747. — LECOUPEUR (F.), à Tours.
Draps.

640. — LECOQ (E.), à Paris.
Machines diverses.

956. — LECOY (Ch.), à Bordeaux.
Bois injectés.

800. — Lecuyer (F.-J.), à Paris.
Baignoires.

810. — Ledet (M.-H.), à Bordeaux
Meubles et siéges.

312. — Le Directeur de la Compagnie résinière
de Ségovie, à Coca (Espagne).
Résines, térébenthine, colophane, etc.

284. — Lefort (J.), à Bordeaux.
Formes et embouchoirs

817. — Legal (B.), à Châteaubriand.
Cuirs.

635. — Legé et Dancuy, à Nantes.
Fosse d'aisance.

756. — Legendre (A.), à Saint-Jean -d'Angély.
Machines agricoles.

1418. — Léglise (C.), à Bordeaux.
Travaux en marbre.

759. — Legrand (A.-P.-H.), à Fécamp.
Liqueurs.

1205. — Legros (H.), à Bordeaux.
Voitures.

1347. — Léguevaques (L.), à Villaliers (Aude).
Soufre.

1088. — Lehoux (A.), à Saint-Jean-d'Angély.
Dessins en cheveux.

518. — Lejeune, Ménard et Comp., à Marseille.
Machines.

1124. — Lelom et Comp., à Bordeaux
Engrais.

1604. — Lorrain (J.-A.), à Saint-Pierre (Martinique).
Café, cacao, girofle.

118. — Lemaigre, à Paris.
Divan, fauteuils, etc.

1493. — Lemarié, à Saint-Jean-d'Angély.
Herbier.

.616. — Le Mat (H.), à Bordeaux.
Produits chimiques.

1977. — Léon (A.) et Comp., à Bordeaux.
Fonte de fer.

676. — Léon (A), aîné et frères Delest et Comp.,
à Bordeaux.
Essences, colophanes, etc.

1989. — Léon (Ch.), à Bordeaux.
Plinthes à pompe.

914. — Léon (M.) et Lévy (J.), à Paris.
Stéréoscopes.

458. — Léon-Diégo, à Bordeaux.
Chapeaux.

44. — Le Perdriel et Bellin, à Paris.
Liqueur de Surinam.

41, 42, 43. — LE PERDRIEL (C.), à Paris.
Produits pharmaceutiques. — Boîtes de secours.
— Appareils élastiques chirurgicaux.

1332. — LÉPINE (A.), à Bordeaux.
Oiseaux empaillés.

201. — LEPREUX (H.), à Bordeaux.
Stores. — Photographies.

1833. — LE RAY, à Port-Philippe-Belle-Isle-en-
Mer.
Conserves.

713. — LERMAT (R.), à Aigre.
Vins.

1406. — LEROUGE (C.), à Paris.
Fermetures pour portières de voitures.

1612. — LEROUX-PRÉVILLE, au Prêcheur (Martinique).
Cacao, café.

1857. — LEROUX et LE BASTARD, à Rennes.
Cuirs.

489. — LEROUX (E.), à Boufarick (Algérie).
Produits agricoles.

864. — LEROUX (F.), à Paris.
Canapés-lits.

20. — LEROY (A.), à Nantes.
Revue agricole illustrée.

4. — LEROY (A.), à Nantes.
Tente-abri pour les arbres.

636. — LEROY (A.), à Argences (Calvados).
Pièces d'horlogerie.

1609. — LE SADE (J.-F.-R.) et Sociétés, à
Grand'Ana (Martinique).
Rhum.

183. — LESCA (L.), à Orléansville.
Essences.

809. — LESPINASSE (veuve) et fils, à Bergerac.
Meules.

878. — LESPINE (P.), à Saint-Estèphe.
Roues en fer.

965. — LESSANCE frères, à Bordeaux.
Cuirs.

1222. — LESTRADE (P.), à Bordeaux.
Imitation de marbre.

465. — LÉTANG (H.-E.). à Paris.
Machines diverses.

1686. — LETHUILLIER-PINEL (veuve), à Rouen.
Appareils de sûreté. — Indicateur magnétique.

451. — LEUZY (R.), à Nantes.
Filets de pêche.

68. — LEVEL-MINET (L.), à Desvres, près Bou-
logne.
Carreaux en faïence.

483. — Lévignat (U.), à Domme, près Sarlat.
Ciments divers.

278. — Lexhy-Géradon (A. de), à Jemeppe-les-
Liége (Belgique).
Tôles diverses.

80. — Lhermitte (B.), à Paris.
Coffres-forts.

1666. — Lhuillier et Comp., 36, rue du Petit-
Saint-Jean, à Marseille.
Charbonnages des Bouches-du-Rhône, Société
Lhuillier et Comp. Bureaux rue du Petit-Saint-Jean
36, Marseille.

La Société Lhuillier, exploitant les mines de Gréas-
que, Rocher-Bleu, Trets, Gardanne, etc., a exposé
trois wagonnets ou bennes, contenant des échantillons des trois principales qualités qu'elle livre sous
le nom de gros charbon, Grelasson, et Briquettes ou
agglomérés. — Ces charbons sont consommés en
quantités considérables par l'économie domestique
et l'industrie en Provence, par la navigation à vapeur
et par l'exportation pour le littoral de la Méditerran-
née.

306. — Liéto (A.), à Nice.
Stores. — Guéridon.

1326. — Lieuzère (J.-B.), à Bordeaux.
Vitraux peints.

427. — Ligier (J.), à Clermond-Ferrand.
Instruments de musique.

1739. — Lion (V.), à Bordeaux.
Sommier.

1070. — Livertoux (P.), à Bordeaux.
Coiffures, postiches.

1544. — Lizariturry (J.) et Comp., à Saint-
Sébastien (Espagne).
Bougies.

285 et 286. — Lobis (G.) et Bernard (J.), à Bordeaux.
Locomobile. — Alambic, etc.

471. — Lockert (L.), à Paris.
Dentelle.

1947. — Loisel (E.), à Dieppe.
Padomètre.

246. — Loizeau (Ch.), à Bordeaux.
Dessins divers.

565. — Lopes hermanos, à Irun (Espagne).
Chocolats.

419. — Lopez y Lopez (M.), à Madrid (Espagne).
Chocolats.

402. — Loquay (F.), à Angoulême.
Pressoir, étau, etc.

1175. — Lorrain (P.), à Libourne.
Meubles.

506. — Loste (L.), à Langon (Gironde).
Cires, miels.

983. — LOTHERIE (N. DE), à Segonzac (Charente-
Inférieure).

Eaux-de-vie.

1109. — LOTTE (A.), à Mansle (Charente).
Machines diverses.

1827. — LOUBET (C.), à Bordeaux.
Cage-volières.

1251. — LOUIS (J.), à Bordeaux.
Plan de jardin.

220. — LOUIT frères et Comp., à Bordeaux.

Chocolats, pâtes, moutardes, fruits au vinaigre.

1509. — LOUSTAUD-CHATENET, à Limoges.
Boyaux secs.

1367. — LOUVANCOUR (G.), rue Leyteire, 107, à
Bordeaux.

Sabots en bois. — Fabrique de sabots fins et ordinaires, sabots-souliers, sabots-couverts pour agricul-
teurs. — Vente au détail et à la douzaine. Assortiment de semelles pour sabots-souliers.

1069. — LOUVEL, à Paris.
Biscuits.

1381. — LOYRE (P.-M.), à Paris.
Bacs coniques.

1746. — LOYSEL-LA-BILLARDIÈRE, à Caen.
Dentelle.

228. — Luck (J.), à Haguenau (Bas-Rhin).

Liqueur dite *Crême de Myrtilles*.

Cette liqueur, outre son délicieux arôme, est encore très-efficace dans les cas de tranchées de coliques, diarrhées, dyssenterie, maux d'estomac; elle se recommande surtout pendant les fortes chaleurs. prise pure ou dans de l'eau. Plusieurs certificats attestent son efficacité, et elle vient d'obtenir une médaille de bronze à l'Exposition industrielle de Nice.

1298. — Lugan et Comp., à Bordeaux.

Tartre.

1570. — Lumeau (J.), à Bordeaux.

Modèles de navires.

150. — Lurcy (L. de), à Paris.

Émaux.

1174. — Luzet (C.), à Luxeuil.

Kirsch.

1973. — Lyon, à Bordeaux.

Engrais.

867 et 1247. — Lys frères, à Bordeaux.

Fantaisies rotin et osier.

459. — Magat (L.), à Bordeaux.

Chaussures.

368. — Magne (L.), à Bordeaux.

Outils de tonnellerie.

1438. — Mailhe fils, à Paris.

Manége-locomobile.

630. — Maille (A.), à Bordeaux.
Machines.

1913. — Maillet (C.), à Bordeaux.
Biberon.

1781. — Maitreau (E.), à Bordeaux.
Couverts d'argent.

1379. — Malan (J.), à Pau.
Liqueur.

778. — Malapert (P.-E.), à Poitiers.
Molleteurs.

174. — Malavergne (E.-A.), à Bordeaux, rue
Vieille-Tour, 8.

Trois modèles de ramoneurs mécaniques.

Extrait du *Moniteur* du 31 décembre 1863 :

« Le nouveau ramoneur mécanique, inventé par
M. Malavergne est aussi ingénieux qu'utile. Sa des-
tination est de ramoner les cheminées sans que personne soit obligé de s'introduire dans leur intérieur.
Au point de vue de l'hygiène, cette invention est ap-
pelée à rendre de très-grands services : elle préser-
vera les ramoneurs des dangers auxquels ils ont été
trop souvent exposés jusqu'à ce jour. Le principe de
l'appareil consiste dans un système de raclettes, sou-
tenues par des tiges élastiques, et pouvant s'épanouir
à volonté, de manière à embrasser tout l'espace limité
par les parois de la cheminée.

» Le ramoneur mécanique s'introduit dans la cheminée par le foyer, et dispense de monter sur les toitures; il circule facilement dans les cheminées coudées et contournées.

» Le ramonage ainsi effectué dure plus d'une année, et en moins de dix minutes, un seul homme en vient à bout, quelle que soit la hauteur de la maison.

» La longueur de cet appareil n'est que de 45 centimètres sur 20 centimètres de largeur et 10 d'épaisseur. Qnand il est fermé, toutes les raclettes, au nombre de vingt-quatre, sont groupées et réunies comme si elles ne formaient qu'une seule pièce renfermée dans une boîte garnie de galets sur les angles supérieurs, afin de faciliter l'ascension; une fois arrivée au faîte de la cheminée, la boîte s'ouvre en tirant une corde attachée au système et destinée à le faire descendre, pour opérer le ramonage. Les raclettes se développent et vont s'appuyer sur les parois de la cheminée, à cause de la pression occasionnée par les tiges d'acier qui les supportent. On monte l'appareil au moyen d'un fil de fer ordinaire passant dans toute la longueur d'un tube fixé à son centre.

» Ce fil de fer est adapté à une petite poulie qui demeure fixée au haut de la cheminée, en sorte qu'on peut le laisser une fois qu'il a été posé; il peut ainsi servir pendant plusieurs années. »

Ce court aperçu suffit pour faire comprendre la simplicité du système de M. Malavergne. Son efficacité n'est pas douteuse, car le principe sur lequel il repose, trouve ici une application tellement immédiate, qu'il suffit d'y réfléchir un peu pour être convaincu de la bonté d'un appareil appelé à rendre de grands services.

73. — MALDINET (H.), à Paris.
Syphons.

237. — MALÉGA (A.), à Bordeaux.
Liqueurs.

1919. — MALET DE ROQUEFORT (le comte DE).
Vins.

193. — MALFILLE (J.), à Bordeaux.
Jupons.

962. — MALFRÉ (A.), à Bordeaux.
Navire.

764. — MALINEAU, à Eysines.
Charrues.

706. — MALLET-PERROTAT, à la Charité (Nièvre).
Chaussures.

1228. — MALO et Comp., à Dunkerque.
Ancres, pompes, etc.

1051. — MALSANG (G.), à Bordeaux.
Encres diverses.

607. — MANAVID (A.), à Bordeaux.
Confections.

943 et 944. — MANDIN (E.), à Tours.
Pompes diverses.

1165. — Mandoul (B.) neveu, à Carcassonne.
Draps.

389. — Mannequin, à Troyes.
Pressoir.

195. — Mantelin (P.), à Bordeaux.
Outils.

300. — Marcelé (Ch.), à Bordeaux.
Papier mosaïque.

1478. — Marchais (B.), à Bordeaux.
Cachets en cire.

1106. — Marchand (J.), à Tours.
Essieux de voitures.

Ces essieux d'un nouveau système (breveté s. g.
d. g.), offrent sur l'essieu ordinaire une économie
dans le graissage de 75 p. 100. La boîte fermée aux
deux extrémités, par la rondelle et l'écrou, est dis-
posée pour former garde-graisse. Prix très-modérés.

1885. — Marche et Comp., à Bordeaux (Gironde).
Liqueurs.

564. — Marchegay (J.), à Saint-Genis (Charente).
Machines agricoles.

1732. — Marcon, à Toulouse.
Pâtes alimentaires.

1039. — Maréchal (B.), place Fondaudège, 20,
Bordeaux.
Soufflet de soutirage.
Ce nouveau soufflet de soutirage a pour avantage

de s'adapter très-fortement à la bonde sans commotion au liquide, et de tirer sans efforts une barrique en sept minutes, de pouvoir à volonté rendre ce soufflet pneumatique, conséquemment le placer sur le fût vide.

562. — MARÉCHAUX (H.). à Foneblanche (Vienne).
Machines agricoles.

333. — MARESCHAL (J.-H.-E.), à Paris.
Machine à hacher les viandes.

1279. — MARIAGE et Comp.. à Thiaut (Nord).
Sucre.

109. — MARINIER, à Paris.
Vues stéréoscopiques, etc.

377. — MARIS (J.-J.), à Paris.
Lampes, etc.

1520. — MARLEIX (J.), à Paris.
Articles sculptés de fantaisie.

1791. — MARMET (F.), à Nevers.
Lampes.

1500. — MARQUÈS (J.), à Colayrac (Lot-et-Garonne).
Balais de sorgho.

382. — MARQUET et fils, à Latresne (Gironde).
Camion à deux trains.

C'est après diverses épreuves, toutes couronnées de succès, que l'inventeur de ce nouveau et utile camion vient le soumettre à l'appréciation du jury et

du public intelligent. Chacun, après l'avoir vu fonctionner sur les terrains les plus difficiles, sera comme
nous convaincu de sa valeur. Ajoutons que son prix
est très-abordable.

792. — MARQUET (A.), à la Rochelle.
Huile de foie de squale.

533. — MARQUET (P.), à Limoges.
Porcelaines décorées.

1756. — MARQUET (P.), à Bordeaux.
Papier et toile verrés.

487 et 488. — MARQUETTE (M.), à Bordeaux, rue
Sainte-Catherine, 140.
Bonbons, liqueurs.
Cette maison a fait une spécialité de bonbons décorés, fleurs en sucre, sucre de Vichy, etc. Elle tient
un grand assortissement de fournitures pour pâtis-
siers. Articles pour marchands à prix réduits. Bonbons, liqueurs, sirops, etc.

1171. — MARROT (A.), à Coutures-sur-Gironde.
Huiles, tourteaux.

1987. — MARTELLY-ÉSCOFFIER, à Grasse.
Eaux et esprits parfumés.

1575. — MARTET (P.), à Bordeaux.
Cachets, griffes, cartes.

715. — MARTEVILLE, à Mias (Espagne).
Fontes, fers, aciers.

788. — Martin fils aîné, à Toulouse.
Pianos.

843. — Martin, à Tarare.
Peluches et velours.

1094. — Martin-Delacroix, à Paris.
Tapis cirés.

560. — Martin (Ch.), à Moulins.
Confiserie.

309. — Martin (E.), à Paris.
Matériel de chemin de fer.

1814. — Martin (P.-R.), à Bordeaux.
Filtre.

1565. — Martineau-Philadelphe, à Bordeaux.
Photographies.

1574. — Martinet (J.), à Bordeaux.
Écrous, boulons.

1969. — Martinez, à Bordeaux.
Chocolats.

398. — Martinon (J.-O.), à Bordeaux.
Porte-chapeau.

1492. — Martougen, à Paris.
Machines à coudre.

852. — Marville (H.) et Comp., à Paris.
Couvre-oreilles.

1384. — Masbon, à Paris.

Pièces mécaniques diverses.

1940. — Massé (A.), à Paris.

Lit, sommier.

517. — Massérano (P.), faubourg Montmartre, 22, Paris.

Stores divers.

Grande fabrique de stores, bois et rotins naturels et décorés, breveté s. g. d. g.

Fournisseur de l'administration du mobilier de la Couronne.

Stores transparents et en coutil à l'italienne.

1990. — Massicault (P.), à Villeurbane, près Lyon.

Soie imprimée.

558. — Massie (F.), à Bordeaux.

Jupons divers.

479. — Massiou-Magné, à Saintes.

Liqueurs.

1452. — Massol (E.), à Santander (Espagne).

Chapeaux soie et feutre.

235. — Masson (J.-B.-F.), à Paris.

Feuilles d'étain.

12. — Massonnet, à Paris.

Médailles.

64. — Massonnet-Nassivet et Comp., à Nantes.

Machines locomobiles, batteuses et autres moteurs.

Par la bonne construction et la simplicité de leurs machines, MM. Massonnet, Nassivet et comp., se sont fait une nombreuse clientèle. Leurs machines à battre et autres moteurs à vapeur sont spécialement recherchés.

Quarante-sept médailles obtenues en cinq années, dans les Expositions et concours, une prime spéciale du Ministre au concours général et national de Paris en 1860, ainsi qu'une prime du gouverneur général de l'Algérie, à l'Exposition d'Alger en 1859, prouvent que le mérite de leurs constructions a su attirer l'attention des hommes compétents.

660. — MASSOT et Comp., à Bordeaux.
Orfévrerie.

1314. — MASSOT, DURAND et BOUBAL.
Eaux minérales.

887. — MASSY (Th.) et PARROT, à Saint-Yrieix (Haute-Vienne).
Flanelles et droguets.

295. — MATHIEU (E.) fils, à Bordeaux.
Oiseaux montés.

294. — MATHIEU (G.), à Bordeaux.
Fruits étrangers.

1371. — MATTEI (A.), à Saint-Hippolyte-de-Mascara (Algérie).
Vins.

374. — MAUBLANC (J.), à Paris.
Lanternes.

1972. — MAUGAS, à Langon.
Sasseur mécanique.

1063. — MAUGER-DANIEL (E.), à Sourdeval (Manche).
Couverts.

1510. — MAUGER-PROVOST (L.), à Saint-Denis (Seine)
Amidon.

1191. — MAUREAU, à Villanblard (Dordogne).
Transpositeur.

722. — MAUREL (A.), à Bordeaux.
Horlogerie.

1122. — MAUREL (T.), à Marseille.
Cloches, statues, etc.

1790. — MAURIN (A.) et TOIRAY, à Paris.
Registres, fournitures.

1887. — MAURUC, à Castelsarrazin.
Peigne à tisser.

1487. — MAURY (J.), à Villeneuve-d'Agen.
Machines.

170. — MAXWELL-LYTE (F.), à Bagnères-de-Bigorre).
Rytinymètre.

1946. — MAYBON et Comp., à Toulouse.
Parquets, persiennes, jalousies.

1811. — Mayer (E.), à Bordeaux.
Photographies.

468. — Mayer (F.), à Grenoble.
Pianos.

899. — Mayer (M.) et Comp., à Paris.
Machines à coudre.

1726. — Maynard (Simon) et Boudot, à Bordeaux.
Lanternes pour chemin de fer.

250. — Mays frères, à Paris.
Machines à vapeur.

1450. — Mazauric (E.), à Nieul-sur-l'Autise (Vendée).
Huiles, tourteaux.

293. — Mciosky (J.), à Bordeaux.
Métier, scie à ruban.

1152. — Mé (P.-G.-H.), à Bègles (Gironde).
Table de salon, coffret.

1901. — Meillant (B.), à Bacalan-Bordeaux.
Modèle de navire.

1302. — Méjeant-Fumat, à Bordeaux.
Fourneau.

24. — Melle (F.), à Bordeaux.
Statuettes en bronze.

594. — Mellet (L. de), à Layrac (Lot-et-Garonne).
Charrue.

953. — Ménager (Léon), à Bordeaux.
Marques à feu, gravures.

743. — Ménard (A.), à Bordeaux.
Liqueurs.

1097. — Ménier (L.), à la Gorce (Charente-Inférieure).
Vins.

1260. — Méniére et Soanen, à Thiers (Puy-de-
Dôme).
Coutellerie.

1067. — Merceroan (A.), à Bordeaux.
Nattes.

690. — Mercier (C.), à Bordeaux.
Formes à sucre.

707.— Merget (E.) et Gagnebin (G.), à Bordeaux.
Clichés et épreuves.

1005. — Méric et Comp., à Madrid (Espagne).
Chocolats.

1476. — Méric (J.), à Bordeaux.
Tuyau inodore.

357. — Merle (P.) et Comp., à Bordeaux.
Ferronnerie.

732. — Merle (P.), à Sidi-Ameïda (Algérie).
Toisons.

11. — Merly (J.-F.), à Angers.
Album du trait.

438. — Méry-Samson, J. Samson et A. Fleuriot,
à Lisieux.
Draperies, fils.

296. — Meslé (R.-F.), à Nantes.
Meubles.

169. — Mesnet (T.-C.-A.), à Cinq-Mars-la-Pile.
Meules.

1918. — Messire (J), à Bordeaux.
Bélier hydraulique.

1944. — Mestreau et Comp., à Saintes.
Eaux-de-vie.

705. — Meukow et Comp., à Cognac.
Eaux-de-vie.

556. — Meunier et Comp., à Paris.
Rideaux brodés.

1441. — Meurant (E.-A.), à Charleville.
Scies, étaux.

838. — Meynard (G.), à Castillon.
Liqueurs.

89. — Meyzounial frères, à Sarlat (Dordogne).
Instruments d'agriculture.

313 et 314. — Migeon fils jeune, à la Rochefou-
cault (Charente).
Toiles de chanvre, métier.

1818. — Mille, à Bourges.
Produits pharmaceutiques.

717. — Mimard (J.-A.), à Villeneuve-sur-Yonne.
Cuve distillatoire.

905. — Minghini (F.), à Bordeaux.
Statues.

418. — Minick et Bécuwe, à Paris.
Appareils de chauffage.

1527. — Ministère de la Guerre.
Produits généraux de l'Algérie.

1528. — Ministère de la Marine et des Colonies.
Produits des colonies françaises.

516. — Minvielle (Madame E.), à Bordeaux.
Fleurs artificielles.

1885. — Mognau, à Bordeaux.
Une glace.

1657. — Moignon (U.) fils et Comp., à Mareuil-
sur-Ay.
Champagne.

1752. — Moline et fils, à Bordeaux.
Chaussures.

15. — Monestrol (de), à Rungis.
Poteries artistiques.

1718. — Monges (H.), à Brest.
Cartes et plantes.

358. — Mongin (C.) et Comp., à Paris.
Scies, ressorts, etc.

192. — Monicolle (T.), à Mérignac (Gironde).
Un fer à cheval.

1308. — Monroux frères.
Cadres avec estampes.

1398. — Montagne (R.), à Paris.
Porte-bouteilles.

1010. — Montaubrie (P.), à Bordeaux.
Traité de prononciation.

1195. — Montaufier (L.), à Bordeaux.
Travail en cheveux.

744. — Montbelley (J. et J.) frères, à Bordeaux.
Bouteilles.

804. — Montet, à Bordeaux.
Stores.

162. — Montigny (L.-J.), à Arras.
Une carde horizontale.

1091. — Morane (F.), à Paris.
Pompes diverses.

1414. — Moreau, à Bordeaux.
Formes pour raffinerie.

1283. — Moreau-Chaumier, à Tours.
Machines agricoles.

569. — A. Moreau et M. Dubois, à Nantes.
Sardines, etc.

30. — Moreau (P.-E.), à Bordeaux.
Bouchage.

1979. — Morel (J.), à Arcachon.
Pierres factices.

48. — Morin, à Paris.
Lettres en zinc doré.

711. — Morin (A.). à Bordeaux.
Statuettes.

273. — Morin (L.), au Blanc (Indre).
Chemises.

1943. — Motet, à Paris.
Dessins au lavis.

1417. — Mothes (veuve) jeune, à Bordeaux.
Machines agricoles.

1828. — Mouillon et Edou, à Paris.
Objets en albâtre.

1488. — Moulhac, à Bordeaux.
Queues de billards.

392. — Moulin (Sainte-Marie), à Paris.
Chromo-lithographie.

1502. — Moulin et Degrange, à Bayas (Gironde).
Eaux-de-vie.

719. — Moulinié et Labat, à Bordeaux.
Modèles de navire.

1252. — Moulis (A.), à Bayonne.
Prothèse dentaire.

766. — Moullon (S.), à Cognac.
Cognac.

609. — Moure, à Cenon (Gironde).
Papier Moure. — Vins.

1188. — Mousseau (J.), à Bordeaux.
Bouches de four.

467. — Moustié (G.), à Bordeaux.
Sabots, socques, etc.

688. — Muller (A.), à Bordeaux.
Fauteuils, chaises, canapé.

1023. — Mussard (E.), à Paris.
Pianos.

1830. — Nacqué et Rival, à Bordeaux.
Jalousie.

153. — Nadar, à Paris.
Photographies.

1841. — Nadaud (A.) et Comp.
Imprimés.

231. — Natal-Lani, à Rouen.
Fourneaux.

318. — Naud (A.), à Bordeaux.
Appareils distillatoires.

1079. — Nègre frères, à Castelmoron (Lot-et-
Garonne).
Cuirs.

244. — Nègrerie (J.), à Saint-Médard (Basses-
Pyrénées).
Paratonnerres et paragrêles.

1118. — NERCAM aîné, à Fargues-de-Langon.
Briques, tuyaux, etc. — Vins.

135. — NEURDEIN (E.), à Paris.
Photographies.

1773. — NEUT et DUMONT, mécaniciens à Lille
(Nord).

Pompe à force centrifuge de 4 à 5,000 litres par
minutes.

Pompes à force centrifuge pour épuisements, irri-
gations et l'industrie en général.

Médailles d'or à Roanne et à Nice.

La disposition générale de cet appareil, consiste
dans un disque à aubes courbes, coulé sur un arbre
horizontal, guidé dans deux boîtes à étoupes à l'ex-
trémité duquel est placé la poulie motrice.

L'eau est entraînée par les palettes, et en vertu de
la force centrifuge qui lui est communiquée par la
rotation rapide, elle doit s'élever par la tubulure de
refoulement placée à la partie supérieure de la co-
quille en fonte, dans laquelle se meut la turbine.

L'eau aspirée dans le conduit inférieur se distri-
bue dans les deux conduits d'amenée ; elle vient en
contact avec les ailes, et se trouve lancée par elles
dans la partie annulaire en communication libre
avec l'orifice de refoulement.

L'ensemble est bien disposé de manière à éviter
le moindre obstacle au mouvement de l'eau, le tout
est simple et bien groupé et constitue l'appareil élé-
vatoire incontestable le plus avantageux sous le rap-

port de l'économie d'installation, du débit considéra-
ble et de l'effet utile, ainsi que l'attestent les nom-
breuses applications qui en ont été faites, ainsi que
les attestations de MM. les ingénieurs de l'État et
des industriels qui en font usage.

1706. — NIEL (F.), à Bordeaux.
Pierres à aiguiser.

550. — NISSOU (G.), à Paris.
Impressions de luxe, étiquettes.

612. — NIVEDUAB (P.-E.), à Alet (Aude).
Cadres divers.

678. — NOEL VASSEROT et Comp., à Séville
(Espagne).
Pâtes de réglisse.

1127. — NORDHOFF et Comp., rue Saint-Antoine
du T, 32, à Toulouse.
Carburateur.

L'appareil modificatif Nordhoff, offre aux consommateurs de gaz les plus grands avantages : grande
économie, lumière égale, pureté parfaite du gaz, simplicité et sécurité de l'appareil. Pas de changement
dans les appareils d'éclairage au gaz déjà en usage,
plus d'oxydation pour les métaux ni de détérioration
pour les vernis et dorures.

1981. — NOTTIN (V.), à Lormont.
Modèle de bateau.

79. — Nouguiès (J.), à Toulouse.
Pâtes alimentaires.

1080. — Odelin frères et Truelle, à Bar-sur-
Aube.
Cuirs.

3. — Odeph, à Luxeuil-les-Bains.
Préparations pharmaceutiques.

261. — Oeschger-Mesdach et Comp., à Biache-
Saint-Waast (Pas-de-Calais).
Cuivres divers.

902. — Oettly (E.), à Sainte-Marie-aux-Mines
(Haut-Rhin).
Peignes à tisser.

1644. — Official-deguy (C.), à Bayonne.
Chocolats.

823. — Oger (V. de), à Marennes.
Chocolats.

1665. — Olanyer (L), à St-Genès, près Blaye.
Vins.

596. — Olibet (J.), à Bordeaux.
Biscuits.

662. — Olivier et Comp., à Tours.
Machines fixe.

661. — Olivier (A.), à Bordeaux.
Système de distribution.

626. — Olivier (E.) et Comp., à Paris.
Parquets et boiseries.

605. — Ollagnier (T.), à Narbonne.
Vermouth.

1256. — Ollion (V.), à Marseille.
Berceau.

1444. — Oppeinheim et Comp., à Marseille.
Vermouth.

1670. — Ostier (J.), à Bordeaux.
Dessins de mécanique.

1753. — Oudin (H.), à Poitiers.
Impressions, livres.

1424. — Oursule (J.), Bordeaux.
Vis de pressoir.

1461. — Ouvière (F.), à Marseille.
Cosmographe.

1980. — Ouvrier (A.), à Bordeaux.
Périssoire.

1953. — Ouvry et Béraudy, à Saint-Étienne.
Chapelets.

525. — Pacquier (C.), à Paris.
Voitures pour enfants.

473. — Paillard (A.-V.), à Paris.
Bronzes d'art.

765. — Pajot (J.-M.), au Montet (Saône-et-Loire).
Briques réfractaires.

1145. — Paloc (veuve), à Bordeaux.
Cartonnages.

1868. — Panajou (H.), à Bordeaux.
Photographies.

28. — Pape (H.) et Comp., à Paris.
Pianos.

889. — Papin (C.), à Excideuil (Dordogne).
Biscuits glacés à la vanille et conserves.
Fabricant de conserves alimentaires et de biscuits
à la mécanique.
Spécialité de truffes et de cèpes.
Expédition pour tous pays.
Prix très-modérés.
Mention honorable.

179. — Paqueau (C.), à Bordeaux.
Chef-d'œuvre de charpenterie.

1897. — Paquerée, à Castillon-sur-Dordogne.
Sulfurateur.

180. — Paquet-Jolibert (J.), à Bordeaux.
Récipients pour l'extraction de la résine.

1805. — Parada (J. de), à Bordeaux.
Photographies.

1649. — Parent, Schaken, Caillet et Comp.,
à Paris.
Machines.

821. — Paris (A.), à Aulnay.
Instruments agricoles.

592. — Parod (E.-U.), à Paris.
Machines diverses.

1729. — Pascal et Comp., à Paris.

Vins, liqueurs.

961. — Patrier, à Poitiers.
Couleurs, vernis, etc.

85. — Patritti (C.), à Paris.
Tableaux chemin de croix.

568. — Patrouilleau, à Bordeaux.
Machines à biscuits.

168. — Patysiewicz (E.), à Angers.
Peinture, sculpture.

882. — Paul (A.), à Bordeaux.
Literie de fer, bancs, etc.

1786. — Paul (J.), à la Baie-Mahault (Guadeloupe).
Cotons, café, etc.

414. — Pauly (veuve) et J. Pauly, au port de
Mouleydier (Dordogne).
Meules.

527. — Pautrot (F.), à Paris.
Bronzes.

1892. — Pauvif, à Bordeaux.
Volière.

994. — Pauwels et fils, à Paris.
Moulin, cafetières.

521. — PAYEMENT et fils frères, à .Bordeaux.
Brosses, pinceaux, etc.

159. — PÉCAUT (P.), directeur de la Saline, à
Salies-de-Béarn.
Sels.

1681. — PEDRO SOLER y GUTELL, à Altafulla
(Espagne).
Vins.

1401. — PÉDRONI (P.), à Bordeaux.
Produits résineux, etc.

248. — PÉLANE (S.), à Bordeaux.
Nattes, sparterie, paillassons.

1466. — PELLETIER et Comp., à Paris.
Chocolats.

1307. — PELON (E.) et Comp., à Paris.
Machine.

873. — PENNE (J.), à Bordeaux.
Système de manœuvre pour aiguilleur.

1140. — PENNELLE et BERTIN, à Louviers.
Draps.

769. — PÉRALS (J.), à Constantine (Algérie).
Liqueurs.

1543. — PERATHON (C.), à Aubusson.
Cuirs.

986. — PÉRAULT (E.), montée de Lodi, 42, à Marseille.

Échelles pliantes à bâtons mobiles en bois et en fer. Ces échelles offrent l'avantage, en se pliant, de ne tenir qu'un espace de cinq à six centimètres carrés, sur la longueur que l'on désire. Elles sont promptes à ouvrir et à fermer et solides en même temps.

Elles peuvent être utiles pour magasins, peintres, colleurs, tapissiers, appartements et ateliers ; pour l'allumage des reverbères en ville, et comme échelle de luxe dans les bibliothèques ; par suite de leur légèreté et leur facilité de transport pour les incendies, elles peuvent rendre d'importants services.

En fer, elles peuvent être utilisées pour les égoutiers, les travaux de canalisation, les chambres de prises d'air, pour la manœuvre dans l'intérieur des machines des bateaux à vapeur et les différents services de bord, et différentes fabriques auxquelles l'usage est indispensable.

Concession de brevet à vendre pour Bordeaux et le département de la Gironde.

Eug. Perault, entrepreneur de menuiserie, breveté s. g. d. g., membre de l'Académie nationale, et honoré de plusieurs médailles d'encouragement.

591. — PERBOYRE (G.-J.-L.), à Bordeaux.
Parfumerie.

342. — PÉRÈS (J.) et GIRONÈS, à Séville (Espagne).
Papiers à cigarette.

818. — Périchon, à Bordeaux.
Encres et cirages.

621. — Périé (A.), à Paris.
Verres à gaz.

970. — Périer, à Pauillac.
Eaux-de-vie.

960. — Perlat (A.), à Poitiers.
Photographies.

1432. — Perotin (J.-G.), à Arles.
Liqueurs.

1443. — Perret (F.-E.), à Bordeaux.
Moteurs à pression d'eau.

1789. — Perriollat (A.), à Basse-Terre (Guadeloupe).
Rocou.

1430. — Perrier (J.-P.), à Crest.
Conserves de truffes.

1360. — Perrotte (A.), à Brain-sur-Lhantion
(Maine-et-Loire)
Sangles, croupières.

1053. — Pérusat (E.), à Bordeaux.
Liqueurs.

1948. — Pesqui et Comp., à Paris.
Crinoline.

1116. — Petit, à Bordeaux.
Bijouterie.

1383. — Petit (E.), à Bordeaux.
Corsets.

74. — Petitjean (E.), à Paris.
Coffres-forts.

1048. — Petiteau (A.), à Tours.
Carreaux et briques.

1596. — Peu-Duvallon (J.), à Vauclin (Martinique).

Coton.

1025. — Peychez (P.), à Bordeaux.
Modèle de navire.

252. — Peyrou (J.), à Bordeaux.
Machine pour la fabrication de la chaussure.

1874. — Philip-Benoît (madame), à Saint-Benoît
(Réunion).
Coton.

387. — Philip (A.), à Bordeaux.
Layettes et trousseaux.

790. — Philippe (J.), à Bordeaux.
Vis pour pressoir.

860. — Philippi frères, à Paris.
Pianos.

687. — Phocion (M.). à Bordeaux.
Prothèse dentaire.

8. — Pialoux (R.), à Agen.
Instruments d'agriculture.

590. — PICARD (J.), à Paris.
Cuirs.

617. — PICQUENOT (J.), à Bordeaux.
Confection.

206. — PIEUX-AUBERT, à Clermont-Ferrand.
Cordages en fil de fer.

1176. — PIGAULT (H.), cours de l'Intendance, 7, Bordeaux.
Postiches en cheveux, pour hommes et pour femmes.
Seule maison à Bordeaux ayant un grand assortiment de cheveux confectionnés. Maison de parfumerie, ganterie et articles de nouveautés pour hommes et dames.

1978. — PILLAUT-DE-BIT, à Bordeaux.
Chapeaux de dames.

1387. — PILTER (T.), à Paris.
Machines agricoles.

996. — PINARD et Comp., à Paris.
Fontes moulées.

999. — PINEDO (E.), à Paris.
Bronzes artistiques.

1937. — PINET (J.) et fils, à Abilly (Indre-et-Loire).
Machines agricoles.

1236. — PINSON (J.), à Bordeaux.
Fleurs en plâtre.

1289. — Piquet (E.), à Besançon.
Montres.

1192. — Plagnol, à Bordeaux.
Jalousies.

1720. — Plessy (M.), à Paris.
Encres, produits chimiques.

1477. — Pleyel, Wolf et Comp., à Paris.
Pianos.

95. — Poigné (J.-B.), à Moulins.
Liqueurs.

515. — Poirier (L.), à Paris.
Machines diverses.

746. — Poitevin (C.), à Louviers.
Draps.

1916. — Poncet-Deville, à Bordeaux.
Vins.

1141. — Poncin et Comp., à Elbeuf.
Draps.

164. — Ponsian-Ormières, rue Montméjean, 3
et 7, à Bordeaux.

Architecte, siccitelier, inventeur, breveté s. g.
d g. Fournisseur des hospices maritimes, du génie
militaire et des constructions de la ville.
Huit médailles d'Expositions.
Fabrique de siccités pour portes et croisées. —
Caisses à orangers et arbustes, à ostatures en fer. —

Panneaux mobiles, bois et ardoise. — Bancs de jardin, pieds en fonte assemblés sans vis ni boulon.

151. — PONTIÉ (A.), à Paris.
Eau de mélisse des carmes.

1755. — PONTOIS (E.) fils, à Vire (Calvados).
Draps.

1523. — POPART (N.), à Paris.
Chaînes dorées.

143. — PORSON (V.-J.-B.), à Paris.
Ébénisterie pour photographie.

1454. — PORTE (P.), à Bordeaux.
Pompe.

649. — PORTEU (A.), à Rennes.
Toiles à voiles.

586. — PORTIGLIA (E.), à Chambéry (Savoie).
Dessins en cheveux.

1311. — POUCHAIN (V.), à Armentières (Nord).
Fils de lin et toiles, écrus, lessivés, teints, etc.
Filature de lin.— Tissage et blanchissage de toiles réunis dans un seul établissement. Les matières premières entrent brutes ; les produits sont livrés directement à la consommation.

Conditions exceptionnelles comme économie et surveillance.

RÉCOMPENSES :
1855, Paris, médaille de deuxième classe.
1859, Rouen, médaille d'honneur.

1861, Nantes, médaille de première classe.
1863, Nîmes, médaille de première classe.
1864, Angers, médaille de première classe.
1864, Bayonne, médaille de première classe.
1862, Londres, mention honorable.

1652. — Pouchaud (A.), à Bordeaux.
Échaffaudage-charpente.

685. — Pouey jeune, à Bordeaux.
Conserves alimentaires.

1991. — Pougnet (A.), à Niort.
Alcool de betterave.

1922. — Pouget (P.), à Cayenne (Guyane française).
Huiles, arrow-root, etc.

481. — Poulenc et L. Wittmann, à Paris.
Produits chimiques, etc.

1970. — Poulet, à Bordeaux.
Eaux-de-vie.

1627. — Poupin fils aîné, à Saint-Maixens.
Jupons, gilets, etc.

1460. — Poupon (P.), à Dijon.
Vinaigre.

912. — Pourquié (A.), à Tarbes.
Boîtes d'allumettes.

1505. — Poussard et Comp., à Paris.
Bouquet de l'Escurial.

367. — POUYDEBAT (M.), à Beguey (Gironde).
Cuirs.

421. — POYEL (F.), à Périgueux.
Liqueurs.

604. — POZZI (P.-R.), à Bordeaux.
Houilles.

538. — PRAST y JULIAN (C.), à Madrid.
Fruits, conserves.

1638. — PRATS (F.), à Victoria (Espagne).
Chaux hydraulique.

693. — PREDHUMEAU (B.), à Bordeaux.
Poufs, fumeuse, etc.

31. — PREISS (veuve) et Comp., à Strasbourg.
Cages. plateaux, etc.

644. — REVEL (P.). à Elbeuf.
Draps.

1730. — PRÉVOT (C.) et Comp., à Limoges.
Café torréfié.

484. — PRÉVÔT (E.), route de Bayonne, 66, Bordeaux.

Outils de menuisiers, charpentiers, charrons et
autres.

La bonne confection et l'excellente qualité des outils de M. Prévot, assurent à cet ouvrier un agran-
dissement d'affaires sous peu de temps. A tout bon
entendeur, salut!

1889. — Prioleaux, à Montignac.
Harnais.

1348. — Privat et Comp., à Bordeaux.
Appareils distillatoires et autres.

1704. — Provot, à Toulouse.
Photographies.

1231. — Proyart, à Hendecourt (Pas-de-Calais).
Blés, avoine, lin, etc.

447. — Prud'homme (P.-D.), à Paris.
Sonneries télégraphiques et horloges électriques.

1024. — Prudon et Comp., à Paris.
Papier à cigarettes.

1282. — Puchaud, à Saint-Émilion.
Vin.

833. — Pujibet (G.), quai Louis XVIII, 6, à Bordeaux.
Papiers, registres, fournitures de bureaux.
Cette maison se recommande par la bonne exécu-
tion des travaux qui lui sont confiés. Registres papiers à lettres, cartonnage, fournitures de bureaux
et d'administration. Détail, exportation.

269. — Pujos (L.), à Mirande.
Pressoir.

1848. — Purrey (E.), à Bordeaux.
Chocolat, moutarde, etc.

1536. — QUANTIN-AUBINEAU, à Niort.
Orfèvrerie.

969. — QUEHEILLE (G.), à Orthez.
Sandales.

1266. — QUENTIN (veuve) et DERIVIÈRE, à Paris.
Orgue.

59. — QUÉTEL-TRÉMOIS (J.-F.), à Paris.
Machines diverses.

1006. — QUINTANA y RUIZ, à Burgos (Espagne).
Céréales.

911. — RAABE et Comp., à Rive-de-Gier (Loire).
Bouteilles, verres, etc.

1816. — RABOISSON et Comp., à Bordeaux.
Pétrin mécanique.

967. — RAIMOND fils, à Marseille.
Chemises, mouchoirs, etc.

329. — RAIMOND (J.), à Paris.
Caves à liqueurs, huiliers, etc.

1678. — RAMUZAT (A.), à Bordeaux.
Cafés moulus.

718. — RAPHAEL, DELORME et Comp., à Toulouse.
Crin végétal.

158. — RASPAIL (É.-J.), à Paris.
Liqueurs.

877. — Ratouis (A.) père et fils, à Paris.
Presses mobiles.

929. — Rauque fils aîné et Comp., à Marseille.
Savons.

372. — Ravenet (L.-A.), à Paris.
Peignes.

1363. — Raxo (A.), à Lisbonne (Portugal).
Chapeaux divers.

1095. — Réau (L.-A.), à Paris.
Fruits confits, confitures.

1669. — Réaux (J.), à Ferrand (Gironde).
Eaux-de-vie.

554. — Rebel (B.), à Moissac.
Machines agricoles.

941. — Redeuil (E.), à Bordeaux.
Biscuits de mer, farine étuvée.

36. — Redier (A.), à Paris.
Horlogerie.

1552. — Redon (J.), à Bordeaux.
Contre-espaliers.

1178. — Redond et Roger fils, à Paris.
Chaises et kiosques en bambou.

1294. — Reisler et Comp., à Paris.
Amidon, riz, etc.

137. — Reiss frères, à Colmar.
Horloges et bois sculptés.

1264. — Rémond, Saint-Edme, à Paris.
Limes.

724. — Rémy (E.), à Bordeaux.
Confections.

726. — Renard et Jouvin, à Marseille.
Soufre épuré, soufre sublimé.

725. — Renard, Jouvin et Boude, à Marseille.
Sulfates et sels de soude.

229. — Renard (E.), à Bordeaux.
Cartes à jouer.

1022. — Renaud, à Bordeaux.

Vinaigre.

1976. — Renaud-Gouin, à Sainte-Maure (Indre-
et-Loire).
Machines agricoles.

1881. — Renaud (P.), à Bordeaux.
Maroquinerie, gaînerie.

290. — Renaud (P.), à Nantes.
Machines agricoles.

793. — Renault (J.-B.), à Saint-Émilion.
Lessiveuse.

1860. — Rennes (A.), à Paris.
Brosses.

1415. — Rességuier (E.), à Carmaux.
Bouteilles.

299. — Rétif (J.-C.), à Sancoins (Cher).
Voitures.

1394. — Reutlinger (C.), à Paris.
Photographies.

589. — Rey de Ballamet, à Paris.
Compteurs.

1995. — Reynaud, à Bordeaux.
Cordons pour la vigne.

384. — Reynaud et Comp., à Bordeaux.
Gommes et bonbons.

729. — Ricaud (E.), à Bordeaux.
Polychromie à la cire.

964. — Richard-Danger, à Paris.
Instruments de précision en verre.

1573. — Richard et Comp., à Bayonne.
Minerais divers.

1209. — Richard (H.), à Royan.
Coutellerie.

172. — Richard (E.-M.), à Nantes.
Horlogerie.

411. — Rieux (L.), à Bordeaux.
Dorures.

709. — Ritouret (J.), à Périgueux.
Clé à dents.

34. — RIVADENEYRA (M.), à Madrid (Espagne).
Ouvrages imprimés.

1511. — RIVAUD (G.), à Angoulême.
Machines agricoles.

1216. — RIVES, JUHEL et Comp., à Bordeaux,
Roues de voitures.

981. — RIVOIRON, à Lyon.
Châles.

1172. — ROBELIN (L.), à Dijon.
Bleu d'outre-mer.

1072. — ROBERT et Comp., à Saint-Yrieix.
Droguets, cadis.

65. — ROBIN, à l'Isle-d'Espagnac (Charente).
Cafés torréfiés.

126. — ROBUCHON (J.), à Fontenay-le-Comte.
Photographies.

339. — ROCHE (J.-M. DE LA), à Paris.
Appareils de chauffage.

33. — ROCQUES et BOURGEOIS, à Ivry (Seine).
Produits chimiques.

890. — RODEL et fils frères, à Bordeaux.
Conserves alimentaires.

1526. — RODOLPHE (A.), à Paris.
Harmonium.

1475. — ROEDERER (T.), et Comp., à Reims.
Champagne.

566. — ROGER (D.-J.), à Rouen.
Porte avec serrure.

1158. — ROGER (V.), à Saint-Romain-la-Virvée
(Gironde).
Vins.

512. — ROLAND (marquis DE), aux Rochers, pres
Preignac (Gironde).
Briques, tuiles, etc.

1293. — ROLIN (E.), à Bordeaux.
Une petite locomotive.

772 et 773. — ROLLET (F.), à Pey-Martin (Gironde).
Briques, terre réfractaire, etc.

927. — ROLLINDES, à Nérac.
Cosmétique.

1275. — ROMMETIN (C.-M.), à Paris.
Limes fines, outils.

574. — ROQUE (A.), à Bergerac.
Voitures.

1240. — ROQUE (A.), à Montpellier.
Cuirs.

1635. — ROSSIGNOL (M.), à Bordeaux.
Gruau.

2. — ROTHSCHILD (J.), à Paris.
Livres sur l'agriculture.

1908. — ROTTÉE-BOULET, à Verberie (Oise).
Balais, brosses.

1508. — Rouchier fils aîné, à Ruffec.
Biscuits.
Maison fondée en 1825.
Biscuits de Reims et biscuits glacés en boîtes et en paquets, recommandés par leur supériorité.
Mentions aux Expositions de Londres, 1851, Paris, 1855 et Bordeaux, 1859.
Expédition et exportation.

1134. — Rouchier (E.), à Poitiers (Vienne).
Biscuits et bonbons de dessert, en boîtes.

1412. — Roughol (N.), à Bordeaux.
Soufflets divers.

1633. — Rougié, à Gramat (Lot).
Liqueurs.

593. — Rouillard (E.), à Paris.
Crémones et verroux.

672. — Roulet et Chaponnière, à Marseille.
Savons, huiles.

1748. — Rouné (A.), à Mascara (Algérie).
Vins.

546. — Rouquayrol (B.), à Paris.
Appareils plongeurs et de sauvetage.

540. — Roura (A.), à Marseille.
Bougies.

602. — Rous (L.-D.), à Puy-Laurens (Tarn).
Machine agricole.

1464. — Rousse (J. et J.), à Bordeaux.
Eaux-de-vie de bettcrave.

1613. — Rousseau (C.), à Saint-Pierre (Martinique).
Rhum, tafia.

1317. — Roussel-Pilatrie, à la Ferté-Macé.
Coutils.

652. — Roussel (A.), à Paris.
Dessins pour dentelles.

1229. — Roussel (A.) fils, à Bordeaux.
Appareils de sonneries.

321. — Roussel (P.-A.-J.), à Orthe (Mayenne).
Pièces diverses en fonte.

113. — Rousseville frères, à Paris,
Poterie d'étain.

1255. — Roux et fils, à la Réole (Gironde).
Huiles et tourteaux de sésame.

MM. Roux et fils, fabricants d'huiles, à la Réole
(Gironde), exposent une collection d'huiles et de
tourteaux, dans lesquels figurent deux produits jusqu'ici inconnus.

L'huile et le tourteau de graines de citrouille
pelée.

L'huile épurée est excellente pour l'éclairage, et le
tourteau est employé pour l'engraissement des animaux.

196. — Roux (J.-B.), à Bordeaux.
Eau à détacher, etc.

653. — Roux (J.-B.), à Nérac.
Farine.

359. — Roux (J.-C.), à Nantes.
Machines agricoles.

1419. — Rouyez (G.), à Bordeaux.
Instruments de dessin.

1512. — Royer (E.), à Seireau (Deux-Sèvres).
Brancards et jantes.

87. — Roze (E.), à Paris.
Toiles cirées.

1530. — Ruet (J.), à Bordeaux.
Chapeaux.

1843. — Saboulard, à Bordeaux.
Balustrade de la tribune à l'Exposition.

532. — Safrané (P.), à Tlemcen (Algérie).
Huiles.

730. — Sage (A.), à Brives.
Conserves alimentaires.

86. — Sagnier (L.) et Comp., à Montpellier.
Instruments de pesage.

1955. — Sagnier (L,) et Comp., à Paris.
Instruments de pesage.

256. — Sailland (H.), à Angers.
Alcool, bière.

1132. — Saint-Amand, à Eysses (Lot-et-Garonne).
Marbres.

1616. — Saint-Ange de Sinson, à Saint-Pierre
(Martinique).
Huile de sésame.

957. — Sainte-Anne et Comp., à Bordeaux.
Gaînerie, maroquinerie.

689. — Sainte-Marie, Dupré frères, à Paris.
Capsules pour bouchage.

448. — Sainte-Marie (J.-B.-A.), à Bordeaux.
Limes et râpes

1399. — Saint-Gaudens, à Paris.
Fontaines en grès.

1993. — Saint-Marc, à Bordeaux.
Papiers peints.

242. — Saint-Martin (Ch.), à Bordeaux.
Bitter.

1249. — Saint-Martin (P.), à Garrey (Landes).
Cire blanchie.
La belle exposition de M. Saint-Martin attire l'œil
de tous les amateurs d'apiculture, non par sa richesse,
comme certaines de ses voisines, mais par la parfaite
épuration de ses produits que nous ne saurions trop
recommander.

950. — Saint-Ours (de), Cibrie et Comp., à Saint-Cyprien (Dordogne).
Chaux et ciments hydrauliques.

553. — Salles (A.), à Garindein (Basses-Pyrénées).
Sandales.

1288. — Salesse (E.), à Sainte-Foy-la-Grande.
Huile.

1190. — Salin (P.) fils, à Bègles (Gironde).
Plantes fourragères.

452. — Saliné (madame), à Bordeaux.
Corset.

1622. — Salomon (L.), à Bordeaux.
Photographies.

1803. — Samain (P.), à Blois.
Presses.

1515. — Sancholle et Biscons, à Bordeaux.
Bois de teinture.

1089. — Sancié (P.), à Loupiac-de-Cadillac.
Barriques.

1135. — Sanders-Dufour, à Paris
Registres.

576. — Sanglier (C.), à Paris.
Ouvrages de vannerie.

1184. — Sans, Thomas et Comp., à Camarade (Ariége).

Produits salins.

417. — Sans-Monfort, à Paris.

Cirages, vernis.

613. — Sansen, à Bordeaux, rue Sainte-Catherine, 157.

Maison d'ébénisterie, fondée en 1850.

Fabrique et magasin de meubles en tous genres. L'étendue que prend cette maison, de jour en jour, est le résultat de son excellente fabrication et de la modicité de ses prix.

424. — Sarda et Comp., à Bordeaux.

Chocolats, conserves, etc.

346. — Sargent (Ch.), à Paris.

Voitures.

599. — Sarraille (P.), à Bordeaux.

Ornements en zinc.

1646 — Sarrano (D.), à Victoria (Espagne).

Vins, huiles.

1147. — Sarrazin, à Bordeaux.

Système de frein.

1253. — Sarrazin (J.), à Bordeaux.

Soufflets pour la vigne.

1462. — Sarrazin (J.), 7, rue Bouquière, à Bordeaux.

Engrais Sarrazin, breveté (s. g. d. g.)

Engrais animalisé propre à toute culture. — Plusieurs années d'expériences sont les garanties de son efficacité. — Coquilles d'huîtres en nature réduites en poudre.

Plâtre fécal (spécialilé pour prairies). — Graines fourragères et soufre.

344. — SARRET-TERRASSE, à Angers.
Parapluies.

1092. — SAUDEMONT, à Lille.
Liquide insecticide.

1403. — SAUJOT et TIENGOU, à Grasse.
Eau de Cologne à détacher.

978. — SAULIÈRE (J.), à Bordeaux.
Parapluies.

1532. — SAULNIER-LEPELLETIER, à Paris.
Rideaux brodés.

259. — SAULO (J.-P.), à Angers.
Cadres antiques, bois sculptés, etc.

187. — SAUVAIRE (J.-B.), à Bordeaux.
Lettres peintes pour enseignes.

543. — SAUVIAC (A.-J.-B.), à Bordeaux.
Vins.

1245. — SAVARY et Comp., à Paris.
Déjecteurs pour chaudières à vapeur.

1650. — SAVINAUD (G.), à Saint-André-de-Cubzac.
Machines à boucher.

1284. — Savineau frères, à Saint-André-de-Cubzac.

Machines à boucher.

1571. — Savineau et Dorat, à Saint-André-de-Cubzac.

Niveau d'eau tubulaire.

1942. — Sax (H.), à Paris.
Instruments en cuivre.

1800. — Scellos (E.-P.). à Paris.
Courroies.

144. — Schaeffner et Morhr, à Paris.
Papier photographique.

99. — Schiertz (J.-G.), à Paris.
Stéréoscopes.

1522. — Schmitt (J.), à Niort.
Foudre.

871. — Schnegg (A.), à Bordeaux.
Table à coulisses.

1402. — Schneider (G.), à Paris.
Armes.

254. — Schoofs-Coquart, à Bourges.
Biscuits, pains d'épices.

141. — Schottlander (H.), à Paris.
Stéréoscopes, albums, etc.

757. — Schuteeten-Tiers, à Lille.
Liqueurs.

629 — SCHUPP et HUMBERT, à Épinal.
Sirops de fécules.

416. — SECRETAN, à Paris.
Instruments de précision.

723. — SEGUIN (P.), à Cubnezais (Gironde).
Eaux-de-vie.

552. — SEILLAN (J.), à Créon (Landes).

Premier cru d'eau-de-vie bas Armagnac des Sables,
remarquable par sa séve et son bouquet. Elle offre
au commerce les plus grands avantages pour les cou-
pages.

Médaille d'or au concours régional de Toulouse,
en 1861.

Médaille d'argent au concours universel de Paris,
en 1860.

1484. — SÉMIAC (F.), à la Teste.
Produits pharmaceutiques.

504. — SÉNAC (P.), à Tarbes.

La nouvelle liqueur, qui a fait son apparition sous
le nom de *Balsamique des Pyrénées*, jouit de la vo-
gue la mieux méritée. M. Sénac, qui en est l'inventeur, a communiqué sa formule à des médecins dis-
tingués, et tous ont été unanimes pour en attester les
excellentes qualités et pour en conseiller l'usage.

Cette liqueur est supérieure aux préparations al-
cooliques et élixirs de toutes sortes.

Comme apéritif, elle est favorable aux estomacs
faibles et délicats ou atteints de dyspepsie flatulente,

parce qu'elle détermine une sécrétion plus abondante des sucs gastriques et facilite le travail de la digestion.

Expédition pour tous pays. — Exportation.

1208. — Sénéchal et Liénard, à Lille.
Mine de plomb.

157. — Sentis et Verdun, à Lectoure.
Tarare. — Vanneur à cylindre.

51. — Séris, à Vic-Fezensac (Gers).
Horlogerie.

399. — Séris (A.), à Dax.
Clôtures en feuillard.

1742. — Serisié (A.), à Bordeaux.
Portail d'église douzième siècle.

1668. — Serisié (H.), à Bordeaux.
Lépidoptères d'Europe

915. — Servais (N.), à Paris.
Stéréoscopes.

238. — Sézalory (J.), à Bordeaux.
Voitures.

794. — Sézalory (S.), à Bordeaux.
Voitures.

352. — Sieuzac (O.) et Comp., à Bordeaux.
Liqueurs.

1909. — Sigalas (L.), à Marmande.
Voitures.

337. — Simon jeune, à Toulouse.
Ornements d'église.

639. — Simon (M.), à Paris.
Divers objets en ivoire.

1662. — Skawinski (Médoc).
Charrues.

768. — Société anonyme de la verrerie de Peu-
chot.
Verres à vitre, bouteilles.

1757. — Société du frein Pélissier-Tabuteau,
à Bordeaux.
Vagon avec frein.

892. — Soguel (U.), à Bordeaux.
Gravure sur métaux précieux.

322. — Solon (J.-F.), à Paris.
Chemins de croix.

1254. — Sorrel (J.) et Comp., à Moulins.
Cuirs.

1992. — Soubiran, à Bordeaux.
Papiers peints.

1344. — Soudanas (M.) et Touze, à Limoges.
Porcelaines peintes.

700. — Souef (J.) père et fils, à Coutras.
Outils divers.

1677. — Souleau (J.), à Martillac (Gironde).
Vins.

1545 et 1785. — Souques, Cail et Comp., à Port-
Louis (Guadeloupe).
Sucre.

1787. — Souques (L.), à Saint-Claude (Guadeloupe).
Café bonifieur.

1421. — Sourzac, à Bordeaux.
Cuirs inusables.

1883. — Souvestre (P.-L.), à Bordeaux.
Pompe, scie, moulin.

403. — Sthummer, à Paris.
Meubles.

1198. — Stoker, Girodon et Montet, à Lyon.
Appareils de chauffage.

1795. — Strass (H.), à Paris.
Albums.

854. — Suireau (F.-J.), à Paris.
Pompes.

1385 et 1386. — Susse frères, à Paris.
Cartes chromo-lithographiques. — Bronzes.

846. — Tajan, à Bayonne.
Machines agricoles.

858. — Tardif (H.), à Bordeaux.
Capsules métalliques.

1449. — Tardy, à Chartres.
Serrures.

1788. — Taris (P.), à la Teste.
Pots à résine.

428. — Tartaro (L.-E.), à Marseille.
Amidon.

1740. — Tatin (M.), à Bordeaux.
Biberon.

385. — Teil (J.-B.), à Bordeaux.
Parapluies.

441. — Tellier (S.), à Bordeaux.
Bonbon pectoral.

444 — Terpereau (A.), à Bordeaux.
Photographies.

1206. — Terrière frères, à Jarnac (Charente).
Charrues.

1073. — Terris (A.), à Marseille.
Photographies.

173. — Téry (E.), à Lamballe (Côtes-du-Nord).
Basanes.

891. — Tesnière et Berthod.
Ferronnerie.

1040. — Tessier, Solier et Comp., à Roquefort
(Aveyron).
Fromages.

641. — Festu et Massin, à Paris.
Impressions lithographiques.

1880. — TEUNEVIN (madame), à Paris.
Broderies.

1758. — THÉRON fils, à Bordeaux.
Échalas en fonte.

324. — THEYNARD (M.), à Grenoble.
Baignoires.

1547. — THÈZE et LACOMBE, à Bordeaux.
Escourtins et étreindelles.

995. — THIAULT, à Paris.
Irrigateurs-Éguisier.

281. — THIBIERGE, à Versailles.
Produits chimiques.

101. — THIBOUST (E.-L.) jeune et Comp., à Paris.
Spécimens de phototypie.

974. — THIBOUST (L.), à Bordeaux.
Pianos.

182. — THIEL et Comp., à Mostaganem.
Liqueurs.

805. — THIERRY-MIEG et Comp., à Mulhouse.
Tissus divers.

114. — THIÉRY (A.), à Paris.
Pompes à incendie.

75. — THIPHAINE (L.-E.), à Paris.
Gymnase.

666. — THIRION (A.-B.), à Paris.
Pompes.

1019. — THOMAS et Comp., à Paris.
Produits chimiques.

1984. — THOMAS-LACHAMBRE et Comp., à Paris.
Guanos.

679. — THOMAS (A.), à Carmaux (Tarn).
Coke métallurgique.

1614. — THORÉ (L. DE), au François (Martinique).
Coton.

1378. — THOUROT frères, à Vandoncourt (Doubs).
Limes, burins, outils.

737. — THUILLIER (A.), à Châlons-sur-Marne.
Robinets à deux orifices.

1996. — TINEL (E.) et Comp., à Marseille.
Savons.

1327. — TISSENDIÉ et LUCAS, à Bordeaux.
Huiles, graisses, etc.

1182. — TISSIER aîné et fils, au Conquet (Finis-
tère).
Produits chimiques.

92. — TISSIER (F.), à Aubusson (Creuse).
Tapis.

578. — TIVET (B.) et Comp., à la Réole.
Liqueurs.

472. — TOPART (H. et E.), à Paris.
Perles fausses

1390. — Toselli (J.-B.), à Paris.
Cafetières locomotives.

1248. — Touchard (E.), à Paris.
Ornements divers.

650. — Touranne et fils, à Bordeaux.
Biscuits de mer.

469. — Tourin et Brenot, à Paris.
Machines diverses.

855. — Toussaint (veuve), à Paris.
Échantillons de ceinturonnerie.

931. — Touttain, Doré et Comp., à Bordeaux.
Balais.

767. — Touzé (A.), à Bordeaux.
Meubles.

535. — Trannin (L.-D.), à Arras.
Huiles, etc.,

276. — Transon (L.), à Bordeaux.
Pince-mouches.

415. — Tremblaire (E. de la), à Bordeaux.
Liqueurs.

955. — Trenty (E.), à Lesquibat (Lot-et-Garonne).
Chaux et ciments.

1634. — Trilles frères, à Bordeaux.
Vins.

836 et 837. — Tritschler fils aîné, à Limoges.
Machines agricoles. — Petite poterie d'enfants.

1714. — TRITSCHLER (J.-M.), à Limoges.
Machines agricoles.

1620. — TROUILLON, à Caudéran.
Panneaux en ciment.

1626. — TRUCHOT-MAUVERNAY, à Dijon.
Cassis, liqueurs.

147. — TURBIAU (E.), à Paris.
Articles de Paris.

1836. — TUSSAUD (F.), à Paris.
Machines.

934 et 1846. — ULMER (T.), à Bordeaux.
Porte et croisée blindées.

1767. — VALLANDÉ (H. DE), à Bordeaux.
Soufreuse à cheval.

320. — VALLANDÉ (Henri DE), à Bordeaux.
Vins.

1849. — VALON et TAFFIN, à Cambrai.
Amidon

1538. — VALON-TAFFIN (madame veuve), à Cambrai.
Amidon.

718. — VANDEMBROUCKE, à Strasbourg.
Appareils de chauffage.

1983. — VANNEQUÉ et DE PEYRUSSE, à Paris.
Clôtures diverses.

230. — Vaquié (N.), à Bordeaux.
Vis de pressoir.

803. — Varailhon-Lafilolie, à Larochechalais.
Appareil pour l'échange des dépêches.

100. — Varroquier (A) et Comp., à Paris.
Épreuves photographiques.

1698. — Vasquez (J.), à Bordeaux.
Cordages, antimoine.

1345. — Vassal (J.), à Talence (Gironde).
Vins.

1971. — Vasseur, à Bordeaux.
Pommades, eaux.

146. — Vaurs (F.), à Paris.
Imagerie religieuse.

120. — Vaury (L.), à Paris.
Photographies.

897. — Vautrain (E.), à Marseille.
Pipes de terre.

29. — Vayson (J.-A.), à Abbeville (Somme).
Tapis.

260. — Védy (F.-L.), à Paris.
Instruments de marine.

1858. — Velten, à Marseille.
Bière.

1750. — Verdery (J.), à Mouillac (Gironde).
Charrue.

813. — Verdier (madame), à Bordeaux.
Fleurs artificielles.

1579 — Verdier (E.), à Sauveterre-de-Guyenne.
Balancier régulateur.

311. — Verguet (L.), à Carcassonne.
Photographies.

985. — Vernay et Deschars, à Paris.
Machine à hisser.

1655. — Vernaut (L.-E.), à Paris.
Chocolats.

1689. — Vernhet, Redat et Comp., à Roquefort.
Fromages.

936. — Verpillat (L.), à Paris.
Cordes harmoniques.

1207. — Verrier jeune, à Paris.
Machines à boucher.

409. — Verrière (madame J. de la), à Ricard
(Lot-et-Garonne).
Galets peints.

1960. — Verset, à Nantes.
Tuyaux cannelés en zinc,

620. — Veyneau, à Guîtres.
Presse mécanique.

784. — Vialla (E.), à Lunel.
Vins.

122. — Viardot (G.), à Paris.
Coffrets, jardinières, etc.

1856. — Victor Michel), à Bordeaux.
Mesures, romaines, bascules.

1102. — Vien (A.), à Chef-Boutonne.
Orgeat concentré et solidifié.

1297. — Vigier (É.), à Bordeaux.
Objets en pierre tournée.

1232. — Vigneau, à Juzix (Lot-et-Garonne
Lanternes céphaliques.

1409. — Vignes aîné, à Loupiac-de-Cadillac.
Cendres gravelées.

932.— Vignon (L.), à Saint-Denis, près Péronne.
Ruches, miels, etc.

580. — Villalard et fils, à Bordeaux.
Cuirs.

249. — Villard (C.), à Lyon.
Fontes diverses.

1370. — Villette (L.), à Mascara (Algérie).
Vins.

1815. — Vincens, curé à Salignac (Gironde).
1º Coupe-rond Vincens.
Cet instrument est destiné à remplacer avec avantage l'emporte-pièce dans toutes les industries où on
l'emploie pour couper en rond : les hosties pour
l'Eucharistie, les papiers, cartons, cuirs, pâtes, etc.

Il opère une incision vive comme celle que produit un rasoir.

Un seul instrument peut recevoir un nombre illimité de différents calibres, on peut d'un même coup découper un grand nombre de feuilles.

2° Rouet tourne-broche.

Ce rouet est mis en mouvement par un ressort que que l'on tend comme celui d'un tourne-broche, au moyen d'une manivelle, il peut durer une heure à peu près; ainsi la grande difficulté et la grande fatigue qui résultent de l'emploi de la pédale dans le rouet ordinaire disparaissent.

Ce rouet peut aussi servir de tourne-broche, il suffit pour cela d'enlever la roue, qui n'est ajustée qu'à pression et de séparer la caisse en fer du tabouret qui la supporte et où elle est retenue par deux écrous à oreilles.

Dépôt chez M. Marlin, rue du Pas-Saint-Georges, Bordeaux.

797. — Virebent frères et fils, à Toulouse.

Un maître-autel du douzième siècle.

1261. — Visa (Don Juan), à Mahón-de-Minorque (Baléares).

Confiseries.

1011. — Vitoria, Passarell y Comp., à Alcoy (Espagne).

Papiers à cigarettes.

224. — Vitrac (J.), à Bordeaux.
Navire en ivoire.

241. — Vivez (P.), à Bordeaux.
Soufflets, forges, etc.

13. — Vorster (A.), à Montfourrat (Gironde).
Papiers.

1618 et 1692. — Voruz aîné, à Nantes.
Canons, mortiers, etc. — Concasseur de pierres.

1280. — Vrau (Ph.), à Lille.
Fils de lin.

801. — Vrignaud, Tetral et Pitetti, à Paris.
Meubles.

1427. — Vulierme (J.) et fils, à Paris.
Pendules en bronze imité.

1416. — Wagret, Serret et Comp., à Escaut-
pont (Nord).
Bouteilles.

362. — Walcot (W.) et Comp., à Paris.
Machine à aiguiser. -

1589. — Wallé Clero, Brière de l'Isle et
Comp. (Martinique).
Sucre.

430. — Weil (F.), à Paris.
Objets d'art en fonte, fer, etc.

777. — WIRTH frères, à Paris.
Meubles.

460. — YCARDI (C.), à Alger.
Essences, parfums, etc.

365. — YOT SCHRECK et Comp., à Paris.
Pianos.

1013. — YUON, à Marseille.
Eau de seltz, limonade, etc.

1645. — YVERNEL (M.), à Paris.
Coffres-forts.

1270. — ZALLEUX (DE) et BAFFÉ, à Paris.
Machines agricoles.

925. — ZIMMERMANN, à Paris.
Cuirs.

FIN.